HENRI DE RÉGNIER

Premiers Poèmes

LES LENDEMAINS

APAISEMENT — SITES — ÉPISODES — SONNETS

POÉSIES DIVERSES

PARIS
SOCIÉTÉ DV MERCVRE DE FRANCE
XV, RVE DE L'ÉCHAVDÉ-SAINT-GERMAIN, XV

8°Ye
4820

PREMIERS POÈMES

DU MÊME AUTEUR

POÈMES. . . . . 1 vol.
LES JEUX RUSTIQUES ET DIVINS. . . . . . . 1 vol.
LA CANNE DE JASPE. . . . . 1 vol.
LE BOSQUET DE PSYCHÉ . . . . 1 plq.

HENRI DE RÉGNIER

PREMIERS POÈMES

LES LENDEMAINS — APAISEMENT
SITES — ÉPISODES — SONNETS
POÉSIES DIVERSES

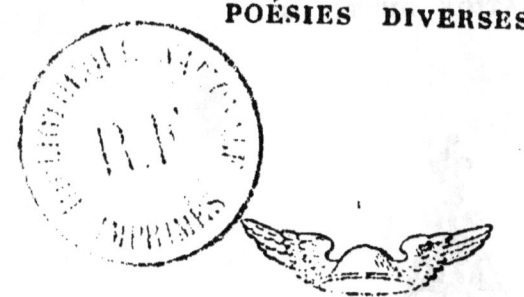

PARIS
SOCIÉTÉ DV MERCVRE DE FRANCE
XV, RVE DE L'ÉCHAVDÉ-SAINT-GERMAIN, XV

M DCCC XCIX

IL A ÉTÉ TIRÉ DE CET OUVRAGE :

Cinq exemplaires
sur Japon impérial numérotés de 1 à 5, et quinze exemplaires
sur Hollande, numérotés de 16 à 20.

JUSTIFICATION DU TIRAGE :

Droits de traduction et de reproduction réservés pour tous pays,
y compris la Suède et la Norwège.

PRÉFACE

On trouvera ici, avec les Sites et les Episodes, *une suite de* Sonnets *et diverses* Poésies *congénères*. J'y ai joint une réimpression de mes premiers vers : les Lendemains et Apaisement; c'est par eux que j'ai commencé, il y a treize ans, à exprimer ce que je sentais; ils représentent assez fidèlement mes pensées d'alors. Il ne faut pas leur demander plus ; aussi je ne réclame pour ces essais aucune faveur particulière, mais seulement qu'on les prenne pour ce qu'ils sont. J'ai cru naturel *et juste de leur donner place au début d'une œuvre poétique déjà longue, et dont l'ensemble actuel est dorénavant aux mains du public par les trois volumes qu'en a publié le Mercure de France et qui la contiennent toute en attendant qu'elle s'augmente, s'interrompe ou s'achève au gré des jours et des années.*

R.

1898.

LES LENDEMAINS

1885

DÉDICACE

J'ai rêvé que ces vers seraient comme ces fleurs
Que fait tourner la main des maîtres ciseleurs
Autour des vases d'or aux savantes ampleurs ;

Et maintenant, guéri de mes anciennes fièvres,
Je voudrais, à mon tour, comme les bons orfèvres,
Enguirlander la coupe où j'ai trempé mes lèvres ;

Où, voyageur lassé d'avoir longtemps erré
J'ai bu en sa fraîcheur le vin inespéré,
Le vin réconfortant pour mon cœur altéré.

Oh! je voudrais, ressuscitant les heures closes,
Faire fleurir mes souvenirs, comme des roses,
Sur cette tombe intime et chère où tu reposes.

VERS LE PASSÉ

Sur l'étang endormi palpitent les roseaux ;
Et l'on entend passer en subites bouffées,
Comme le vol craintif d'invisibles oiseaux,
Le léger tremblement de brises étouffées ;

La lune fait tomber sa divine pâleur
Sur le déroulement infini des prairies
D'où le vent, par instants, apporte la senteur
Des buissons verdoyants et des herbes fleuries ;

Mais voici que, tout bas, chuchote la chanson
Que chantent, dans la nuit, les plaintives fontaines.
Dans le cœur secoué d'un intime frisson
S'éveille le regret des tendresses lointaines,

Et, du fond du passé, monte le souvenir
Triste et délicieux de pareilles soirées,
Et de bien loin on sent aux lèvres revenir
Les paroles d'amour en l'ombre murmurées.

I

C'est vers toi que s'en vint, d'abord, mon cœur d'enfant,
Vers toi qu'il pressentait compatissante et douce,
Car tes yeux n'avaient pas le regard qui défend
Et ta main n'avait pas le geste qui repousse ;

Toi qui reçus l'aveu de mon premier émoi
Et la virginité de mes lèvres tremblantes,
Tu ne sauras jamais tout ce qui vit en moi
De regret attendri pour ces heures clémentes.

Oh ! tu ne peux savoir combien je te bénis
D'avoir compris si bien les muettes prières
De mon cœur que gonflaient des élans infinis
Vers l'inconnu caché sous tes longues paupières.

Et maintenant, loin de tes bras hospitaliers,
Dans la nuit où je suis tu m'apparais encore,
Et la clarté de tes charmes inoubliés
Garde en mon souvenir la fraîcheur d'une aurore.

II

Chère, les jours que j'ai passés auprès de toi
Me sont comme un bouquet de roses parfumées
Qu'une main inconnue eût posé sous mon toit,
Et j'en respire encor les senteurs embaumées.

O chère bien-aimée, aide-moi, si tu veux,
A choisir une fleur parmi ces fleurs divines,
Et revenons ainsi vers l'heure des aveux
Où l'amour réunit nos deux âmes voisines.

Ce fut de ces instants qu'on ne retrouve plus,
Où dans les yeux baissés et dans la voix qui tremble
On sent bien que les vœux hasardés sont élus
Et ce que l'un a dit on le pensait ensemble,

L'instant, divin toujours, où les cœurs apaisés
D'où s'en va le frisson des troubles et des craintes
Vont savourer enfin la douceur des baisers
Et l'exquis battement des premières étreintes.

III

Nous allions, au hasard, par des sentiers perdus
Qu'envahissaient partout l'ajonc et la bruyère ;
C'était le soir avec ses bruits inattendus
Et ses souffles qui font regarder en arrière.

Au ras de l'horizon, le ciel que blanchissait
La lente ascension d'une lune cachée
Avait des tons nacrés et transparents de lait.
Une feuille, parfois, tournoyait, détachée

De la branche flexible et grêle d'un bouleau
Ému d'un coup de vent léger qui le tourmente,
Et descendait, très doucement, comme un oiseau,
Sur le chemin, avec une chute hésitante.

Comme je la savais, à ces heures du soir,
Un peu triste, et sensible à la moindre caresse,
Je pris alors ses mains dans les miennes pour voir
Ses yeux s'alanguir d'une indicible tendresse.

IV

La porte du salon discret et recueilli
Se referma, faisant tressaillir les vieux Sèvres ;
Je sentis que mon cœur soudain avait vieilli,
Un sanglot retenu faisait trembler mes lèvres.

Je l'aperçus alors dans le petit jardin
Se baisser pour cueillir une fleur au passage ;
Et puis, avec un geste élégant et hautain,
Elle la mit, coquettement, à son corsage.

Oh j'eus à ce moment un intense désir
De me jeter à ses genoux, comme un coupable,
Et d'être lâche, s'il fallait, pour obtenir
Un pardon tombé de sa bouche charitable !

Cependant, je ne sais pourquoi, je restai là,
Dans le salon désert où vibraient les vieux Sèvres...
C'est ainsi qu'à jamais ce bonheur s'en alla
De dormir sur son cœur et de baiser ses lèvres.

EXPÉRIENCE

J'ai marché derrière eux, écoutant leurs baisers,
Voyant se détacher leurs sveltes silhouettes
Sur un ciel automnal dont les tons apaisés
Avaient le gris perlé de l'aile des mouettes.

Et tandis qu'ils allaient, au fracas de la mer
Heurtant ses flots aux blocs éboulés des falaises,
Je n'ai rien ressenti d'envieux ni d'amer,
Ni regrets, ni frissons, ni fièvres, ni malaises.

Ils allaient promenant leur beau rêve enlacé
Et que réalisait cette idylle éphémère;
Ils étaient le présent et j'étais le passé
Et je savais le mot final de la chimère.

LE FLEUVE

Du haut de ce rocher qu'il baigne à son passage
Je vois le fleuve lent s'enfuir dans les lointains
Et je suis, longuement, les contours du rivage
Enserrant la torpeur de ses flots incertains.

Il passe, reflétant dans son onde dormante
Les vieux arbres penchés qui s'inclinent vers lui ;
Dans sa tranquillité sinueuse il serpente,
Et selon le terrain il s'éteint ou luit ;

Plus loin il longera des villes entassées,
Il courbera son dos sous le joug des vieux ponts,
Il coulera captif entre les deux chaussées,
Où dorment les vaisseaux amarrés aux crampons.

Maintenant, il s'égare aux plaines sablonneuses,
Attarde, sans souci, son courant ralenti,
En frôlant ses bords où les battoirs des laveuses
Frappent des coups égaux dont l'écho retentit.

Suivre le fil de l'eau sur quelque barque errante
En songeant vaguement aux vieux rêves défunts,
Tandis que, devant vous, la rive différente
Passe, envoyant l'odeur de ses mille parfums,

Voguer longtemps, bercé du rhythme monotone
De l'onde qui se fend sous l'élan du bateau,
Voguer à travers des paysages d'automne
Dans l'espoir d'arriver on ne sait où, bientôt ;

Aspirer la fraîcheur des aubes renaissantes,
S'imprégner longuement de la langueur des soirs,
Où flottent des senteurs étranges et puissantes,
Et les frissonnements qui tombent des cieux noirs.

Car on peut supposer — ce rêve est doux à l'âme
Souffrant du souvenir qu'en vain elle a banni —
Qu'on s'en ira bien loin toujours et que la rame
Vous conduira finalement dans l'infini.

2.

NAUFRAGES

Loin du port, à travers les mers fortes ou calmes
Où le soleil alterne avec les vents fougueux,
Le navire est parti sur les flots hasardeux
Vers une île inconnue où fleurissent les palmes ;

Vers une île inconnue et que les passagers
Dans leurs sommeils bercés par les houles du large
Ont rêvée à loisir pleine d'arbres que charge
La riche éclosion de fruits doux et légers,

Avec des vols d'oiseaux dans la ramure épaisse
Et que baigne à jamais un soleil réchauffant,
Telle qu'elle apparut en leurs rêves d'enfant
Et telle ils l'ont revue en des heures d'ivresse ;

Et pour réaliser ce songe d'autrefois,
Ils ont bravé la mer, les écueils et la houle,
Le soleil qui les mord, la lame qui les roule...
Pourront-ils seulement s'écrier : je la vois ?

Verront-ils, de ces flots sortir à quelque aurore,
La patrie inconnue où les guident leurs vœux ;
Car la mer fait, le soir, de sinistres aveux
Par la bouche des morts qu'apporte l'eau sonore.

Heureux ! Ils ont connu, intimes naufragés,
Le bonheur de voguer vers le but de leur rêve,
Et qu'importe l'issue où leur désir s'achève,
Ils auront plus vécu que bien des plus âgés ;

Car ils ont espéré. Les yeux brûlant de flammes,
Interrogeant l'espace où rien n'apparaissait,
Dans les derniers rayons du soleil abaissé
Ils croyaient voir surgir la terre au ras des lames.

Ils vont ainsi longtemps jusqu'au jour où la mer
Lasse de les porter vers un but impossible
Ouvre pour eux son sein généreux et paisible,
Et les fait tournoyer au gré du flot amer.

LES SOURCES

Comme de sources invisibles
Dans l'ombre des bois endormis
Sortent des murmures amis
Et des fuites d'ondes paisibles

Qui se perdent dans les fraîcheurs
Des fougères à tiges rousses
Et dans l'emmêlement des mousses
En de sinueuses blancheurs ;

En des paroles prononcées
Bas à votre oreille, je veux
Dire le trouble des aveux
Et le secret de mes pensées,

Et, comme un flot doux et berceur
Qui nourrit et baigne les sèves,
Faire pour vous couler les rêves
Sortis de la source du cœur.

RÊVE D'UN PASSANT

Le hasard près de vous, un jour, m'a fait passer,
La rencontre fut courte et la minute exquise,
Je suis parti, rêvant de vous avoir conquise,
Avec un grand désir de vous bien enlacer;

Et nous serions partis, sans crainte ni tristesse,
Sans nous connaître encor, mais tous les deux certains
De voir devant nos yeux s'ouvrir de gais matins
Ensoleillés d'amour, d'espoir et de jeunesse;

Et si vous le vouliez nous n'irions pas bien loin,
Peut-être craignez-vous les longues traversées
Et les houleuses nuits par les vagues bercées?
Je sais pour t'abriter un adorable coin.

Dédaignant les pays où trop de jour flamboie,
Ce serait sous un ciel à peine nuancé
Que nous irions finir le rêve commencé,
Le rêve délicat de tendresse et de joie ;

Ce serait à deux pas, tout au cœur de Paris,
Dans un de ces logis frais où l'amour s'affine,
Que je voudrais glisser à ton oreille fine
Les murmures des longs serments jamais taris.

LES CLOCHES

Le ciel est traversé des soudaines volées
Des cloches qu'une main secoue éperdûment
Pour annoncer au loin l'heure du Dénoûment
Par le râle plaintif de leurs voix désolées;

L'heure où la mort emplit les têtes affolées
Des poignantes terreurs du prochain jugement
L'heure où d'autres s'en vont presque joyeusement
Vers le repos tardif des calmes mausolées.

Il faudra clore aussi vos yeux appesantis,
O vous tous, qui suivez le chemin de la Vie,
Insoucieux du but de la route suivie;

Un jour où, par le vent, portés ou ralentis,
Monteront dans les cieux remués ou paisibles
Les lointains vibrements de cloches invisibles.

TEMPLE

O Vénus, sous un ciel d'azur immaculé
Où blanchira le vol des colombes fidèles
Je dresserai ton temple au pays reculé
Où les rêves secrets viennent ployer leurs ailes.

L'encens mystérieux par mon amour brûlé
L'emplira de senteurs exquises et mortelles ;
Dans cet abri, loin du monde dissimulé,
Mon cœur célébrera tes fêtes éternelles.

Et devant la blancheur vivante du Paros
Où resplendit l'éclat de ta divine image,
Je me prosternerai dans un constant hommage ;

Tandis que, de mon cœur calme comme les flots
D'où jaillit autrefois ton corps sacré que j'aime,
Un désir montera vers ta beauté suprême.

VENERI BENEVOLENTI

Vénus ! j'adore en toi l'immuable beauté
Qui s'incarne à jamais en ta forme complète,
Et j'admire tes yeux sereins où se reflète
La mer mystérieuse où ton corps a flotté ;

Mais lorsque je te vois, inaltérable et fière,
Dans ta grâce indicible et ton charme vainqueur,
Je sens secrètement se glisser dans mon cœur
L'effroi de ta splendeur divine et meurtrière.

Car, bien souvent, j'en vois qui s'en viennent pleurer
A tes pieds du tourment d'idéal qui les hante,
Et meurent du désir de l'impossible Amante.
Tu n'as pas de regards pour qui veut t'implorer.

Tu restes insensible à ces larmes humaines
Dont monte jusqu'à toi l'intarissable flot,
O Vénus, sans jamais qu'un rire ou qu'un sanglot
Desserre la rigueur de tes lèvres hautaines.

RÉSIGNATION

Mes rêves n'ouvrent plus leurs ailes toutes grandes
Pour m'arracher aux temps détestés où je vis,
Et pour bercer mes longs espoirs inassouvis
Je ne recherche plus le calmant des légendes

Où l'on voit les grands dieux ceints d'immortalité
Savourer le loisir d'une éternelle fête,
Dans le contentement de la beauté parfaite,
Et le repos de leur pouvoir illimité.

Car pourquoi désirer des soleils plus splendides,
Des flots plus transparents, des horizons plus bleus,
Et le retour d'un monde et d'un temps fabuleux
Tout parfumés de lys odorants et candides ?

N'ai-je pas, pour calmer mes maux et mes douleurs,
Et pour chasser le spleen qui sur mon front bourdonne,
La douceur des baisers que ta lèvre me donne
Et tes yeux purs et doux comme deux sombres fleurs ?

JEUNE ESPOIR

J'ai voulu bannir l'espérance
De mon cœur trop vite ulcéré,
J'ai, dès la première souffrance,
Précocement désespéré ;

Et parce qu'un jour j'ai pleuré
Sur un amour, rêve d'enfance,
Naïf, j'ai cru que je mourrai
De cette triste expérience ;

Et j'ai pensé comme beaucoup
Que blessé de ce premier coup
J'en garderai la cicatrice ;

Bientôt j'ai senti la douceur
Et les soins de ta main de sœur,
O Jeunesse consolatrice !

APAISEMENT

1886

AURORE

Mets ton cœur confiant entre des mains de femme,
A ses pieds ton orgueil, en ses yeux ton espoir,
Entonne à pleine voix un chant d'épithalame ;

Exalte la beauté, célèbre le pouvoir
Inéluctable et fort de cette charmeresse
Ayant l'éclat trompeur des visions du soir ;

Entre dans la forêt résonnante où se dresse
La multiplicité verticale des troncs
Parmi lesquels le vent fait vibrer sa paresse,

Où des souffles plus doux rafraîchissent les fronts ;
Marche ; les longs sentiers ouvrent leur perspective
Vers de bleus horizons de rêve où nous irons.

Descends par les chemins de la forêt déclive
Vers le val abrité de la montagne où dort
L'étang dont les roseaux envahissent la rive.

C'est le soir, et, là-bas, dans le ciel clair encor,
Où l'azur s'assombrit d'un vague crépuscule,
La lune monte arrondissant son disque d'or ;

Et celle qui parut à ton âme crédule,
La divine Attendue aux jours des longs effrois,
Offre sa lèvre en fleur à ta lèvre qui brûle.

Ses mains ont la douceur et les gestes adroits
Des Anges bienfaisants qui ferment les paupières
Des beaux enfants couchés dans les berceaux étroits ;

Ses yeux compatissants à toutes les prières
Ont la limpidité du saphir transparent,
Candeur de l'être jeune et des heures premières ;

Dis-lui bien les douleurs de ton âme, mourant
Du mal mystérieux de la vie importune,
D'être seule au milieu du monde indifférent.

Au fond du val l'étang miroite au ciel de lune.

II

Tu pleurais autrefois lorsque l'Aurore neuve
Surgissait, blanchissante, au ras de l'horizon,
Comme un lait débordant dont le monde s'abreuve,

Et tu voyais venir avec un grand frisson
L'éclosion du jour sur la terre éveillée
Où ton âme souffrait comme dans sa prison ;

Écoute maintenant passer sous la feuillée
Ce long frémissement précurseur du réveil,
Et salue exultant l'Aurore émerveillée ;

Car ton esprit renaît comme d'un lourd sommeil
Hanté de cauchemars que l'aube jeune entraîne
Confus et pâlissants aux rayons du soleil.

Elle est à tes côtés immobile et sereine
La chère vision que ton âme appela,
Celle qu'on attendit, la Maîtresse et la Reine,

Le rêve de tes nuits d'angoisses... La voilà,
Sans qu'un mystère vain la cache et la dérobe
Dans sa splendeur divine et visible, elle est là

Dans le vent du matin qui soulève sa robe
De Vierge immaculée et montre ses pieds blancs
Faits pour fouler aussi le Croissant et le Globe :

Ses pieds nus marcheront par les chemins sanglants
Prêts à subir l'affront des épines mauvaises;
Sa main réprimera les farouches élans

Qui t'ont fait, en des jours d'épreuve et de malaises,
Souhaiter, pour finir de ton mal ancien,
La chute où l'on se brise aux angles des falaises.

Espère. Elle est debout dans l'Aurore qui vient,
Très blanche, et le front ceint de ses nattes tressées...
Mais, horreur! ton regard se fixant sur le sien

Voit le vide menteur de ses yeux sans pensées.

SOIR

Plus rien au cœur que le regret lent d'un passé
Qui dans l'éloignement se voile de mystère ;
Plus rien au cœur que le frisson involontaire
Devant un horizon monotone et glacé.

Nudité de la Vie où l'Espérance morte
Gît sous le froid linceul des feuillages tombés,
Où la main radieuse et jeune des Hébés
Ne fait plus ruisseler le vin qui réconforte ;

Tristesse des chemins sous les ciels gris d'hiver
Où le décharnement des arbres se profile,
Où sur les talus bas saute la longue file
En marche des corbeaux croassant bec ouvert ;

Abattement des soirs dans les chambres fermées
Qu'illumine l'éclair rougeoyant des charbons,
Soirs que n'anime plus le regard des yeux bons
Et l'accent familier des paroles aimées...

Et, rêveur attristé de renouveaux promis,
J'évoque le retour possible des vieux rêves,
Le gonflement du bois au flux des bonnes sèves
Et la voix consolante et les regards amis.

NOCTURNE

Le souffle lent du soir défleurit les lilas
Amoncelant au pied d'odorantes jonchées
De ces petites fleurs qui craquent sous mes pas.

Mon âme est douloureuse et mon cœur est très las.

Sur la toiture, des colombes sont perchées
Attristant l'air du soir d'un long roucoulement;
Il tombe de leurs becs des plumes arrachées.

Il neige dans mon cœur des souffrances cachées.

Au bassin, le jet d'eau rejaillit tristement
Ridant l'onde qui dort de cercles concentriques,
Et les plantes du bord ont un tressaillement.

Au cœur les souvenirs pleurent confusément.

Voici la nuit qui vient et ses folles paniques :
Le vent ne souffle plus, le ramier s'est enfui,
Le jet d'eau se lamente en des plaintes rythmiques,

Et tes yeux grands ouverts me suivent dans la nuit.

DIANE CHASSERESSE

La course éparpillait au vent tes longs cheveux
Que cerclait sur le front l'argent d'un diadème ;
La tunique, enserrant ton corps souple et nerveux
Et divin de jeunesse et de grâce suprême,
Remontait en plissant un peu sur tes genoux ;
L'arc détendu vibrait à tes mains meurtrières,
Tu semblais, de tes yeux insensibles et doux,
Suivre le cerf blessé traversant les clairières
Pour s'en aller mourir, la flèche droite au flanc,
Sur le bord du ruisseau qui chante sous les branches
Et qui continuera sa course, tout sanglant,
En rougissant, à son passer, les pierres blanches...
Je t'ai rêvée ainsi quand, le soleil couché,
Au fond du parc désert où j'errais seul et triste,
J'ai vu près du bassin, dans les arbres caché,
Le marbre solitaire où quelque vieil artiste

Sans doute épris d'art grec avait représenté
Avec ses attributs Diane Chasseresse.

Par cette vision sanguinaire hanté,
Je l'ai mêlée à ton souvenir, ô Maîtresse,
Et je marchais dans le silence et dans la paix
Qui descendaient sur ces feuillages impassibles,
Sur les sentiers moussus et les gazons épais,

Et j'entendais siffler des flèches invisibles.

FRISSON DU SOIR

Un suprême rayon fleurit les cimes claires
Qui dressent dans un ciel strié d'or et de sang
Leurs crêtes où s'ébrèche un soleil qui descend.
L'ombre s'allonge au pied des hauts pics tutélaires;

La verdure des prés et l'ocre des terrains
Alternent tour à tour en minces bandelettes;
Les lointains sont baignés de brumes violettes
Où s'enfonce et se perd la blancheur des chemins.

Les contours indécis des choses incertaines
Se fondent dans le soir calme que rien n'émeut;
Cependant que dans l'air sonore, peu à peu,
S'éveille la chanson qui monte des fontaines,

APAISEMENT

Chanson triste et rythmée et pleine de sanglots :
Voix des sources filtrant au centre des clairières,
Bruit de l'eau qui s'égoutte et frisson des rivières
Où roulent des cailloux au glissement des flots ;

Comme un pressentiment d'espérances brisées,
Avec ce chant plaintif et vague dans la nuit,
Et comme un frôlement de rêve qui s'enfuit
Entrent furtivement par les hautes croisées...

Le crépuscule lent monte jusqu'au plafond
Où des rayons perdus caressent les moulures ;
Le miroir familier à tes seules allures
Ne reflète plus rien dans son cadre profond ;

Et cette ombre qui vient, ô douce, nous sépare,
C'est comme si quelqu'un se mettait entre nous ;
Je suis là près de toi pourtant, à tes genoux,
Et je serre tes mains avec des peurs d'avare,

Car j'évoque les soirs de funestes départs
Où dans la chambre obscure et veuve de l'absente,
On rassemble, en pleurant, dans l'ombre grandissante
Le trésor douloureux des souvenirs épars.

IDYLLE

Au treillis du berceau grimpait un chèvre-feuille...
L'heure était langoureuse, et j'avais espéré
Que le calme et la paix de ce lieu retiré
Attendriraient son cœur assez pour qu'elle veuille
Accueillir en faveur l'aveu réitéré.

C'était à ce moment de la fin des journées
Où le ciel attiédi de nocturnes pâleurs
Se mire aux bassins clairs endormis dans leurs fleurs;
A mes lèvres venaient les phrases ajournées,
Les supplications et les mots cajoleurs.

C'était un de ces soirs de rencontre et d'idylles
Où dans les bosquets verts on se met à genoux,
Où l'on échange à demi-voix et loin de tous
Les serments attendris et les propos futiles
Enhardis d'un regard clément des yeux plus doux.

Alors je lui contai les fuites et les courses
Au fond des bois obscurs et des sentiers ombreux,
Les promenades et les siestes, au creux
Des grottes, où s'entend le frôlement des sources,
Et l'éternel désir du cœur aventureux.

Je lui vantai l'éclat des roses que l'on cueille
Dans les massifs, au bas du parc, près du ruisseau...
Une rougeur teintait sa joue à fleur de peau,
Elle écoutait trembler au vent le chèvrefeuille
Qui grimpait en feston au treillis du berceau.

DOUBLE RÊVE

Tu me livres ta main d'un geste familier,
Et je vois aussitôt tes grands yeux s'oublier
En un songe lointain dont le charme t'emporte,
Et tu restes immobile comme une morte,
Et je sens ton esprit distrait s'en revenir
Vers le passé défunt de quelque souvenir,
Et tu rêves peut-être, et je te le pardonne,
Un bonheur qui n'est pas celui que je te donne.
Alors une tristesse indicible me prend,
Telle devant ce froid regard indifférent,
Que moi-même je m'en retourne à de vieux rêves,
Et j'évoque des bois gonflés au flux des sèves,
Où la feuille au soleil a des touches d'or blond,
Un jardin d'autrefois, et je marche le long

De quelque sombre allée aux ormes séculaires
Vers l'endroit qui s'égaie au babil des eaux claires
Où, mirant au miroir ondulé des bassins
La nudité neigeuse et vierge de ses seins
Qui sortent à demi d'un corsage à fleurettes,
Une femme dispose avec ses mains fluettes
D'une élégance rare et d'un galbe nerveux,
Dans le fouillis épars et lourd de ses cheveux,
Des œillets embaumés, en notre promenade
Cueillis près de la grotte où rit une Naïade.

DOUCEUR DES YEUX

Voici que tourbillonne au gré des brises lentes
Remuant la tiédeur des arrière-saisons,
Dans l'humide senteur des bois et des gazons,
Le frissonnant essaim des feuilles défaillantes.

Voici que la clarté douce des horizons
S'estompe de vapeurs et de brumes tremblantes,
Et le long des talus les terres sont croulantes...
Voici le souvenir d'anciennes déraisons.

Loin des étés, loin des baisers, loin des caresses,
Dédaigneux du beau corps, lassé des lourdes tresses
Où flotte le parfum décevant dont on meurt,

Avec un grand regret des heures dépensées,
Je contemple attiré par leur charme calmeur
Tes yeux où dort la paix des sereines pensées.

MENSONGE

J'évoquerai pour vous le mensonge des fables
Où rit l'émoi naïf des aveux enfantins,
Et la sonorité des rires ineffables
Vibrant dans la clarté rose des gais matins ;

La fuite chère et douce aux couples idylliques
Épris du même rêve et des mêmes espoirs,
Vers les collines où vont les sentiers obliques,
Dans la pourpre divine et mourante des soirs ;

Je vous dirai qu'il est des heures enivrantes,
Des plénitudes d'âme et des élans vainqueurs
Et des courants secrets d'affinités errantes
Unissant à jamais les lèvres et les cœurs.

Je vous peindrai la vie hospitalière et tendre,
Comme je la voudrais et comme elle n'est pas ;
Je cueillerai des fleurs d'avril pour les répandre
Sur la route odorante où marcheront vos pas,

Et, sachant ce qu'on souffre et les larmes qu'on pleure
Au démenti brutal de la réalité,
Je vous prolongerai l'illusion de l'heure
Où vous croyez aux rêves d'or qui m'ont quitté.

Je mentirai, pour qu'en vos yeux je voie éclore
L'ignorance naïve et sauve du péril
Et que sur vos lèvres d'enfant je puisse encore
Baiser la courbe du sourire puéril.

ÉMAIL

> ...Comme les Dames
> Du temps jadis...
> FRANCIS VIELÉ-GRIFFIN.

Vous auriez bien porté les robes blasonnées
Dont les roides brocarts parsemés d'écussons
A champ d'azur chargé de guivres contournées
Glissent sur les pavés en somptueux frissons
Avec le frôlement des étoffes traînées.

Et je vous ai rêvée impératrice ou reine
De quelque ancien pays qui n'exista jamais ;
Dans un Palais d'où l'on verrait la mer sereine
Où vogue sur des flots aplanis et calmés
Un navire ayant à la proue une Sirène.

PORTRAIT

La jupe de satin se casse en plis savants
Qui font valoir l'étoffe ancienne qui miroite
Et s'allume d'éclairs irisés et mouvants.

Imperceptiblement un bout de mule étroite
Taquine un peu le bas de jupe qui bruit,
Mélange d'embarras et de rouerie adroite.

Elle agite indolente et d'un grand air d'ennui
Son éventail qui pèse à ses mains allongées,
Blanches, où l'ongle fin se détache et luit.

Des bouquets délicats de roses, mélangées
De bluets frissonnants et doux, à peine bleus,
Parsèment le satin de gaîtés ouvragées.

Les deux seins entrevus pudiques et frileux
Et que le souffle intermittent gonfle et soulève
Font palpiter le haut du corsage, onduleux

Comme le flot qui vient mourir sur une grève.

SOUVENIR PUR

Il est des souvenirs errants que le passé
De son ombre oublieuse et persistante voile,
Leur apparition a des lointains d'étoile
Et des lueurs d'aurore au fond du ciel glacé.

Mais il en est dont la venue est redoutée,
Qui conservent en eux un douloureux attrait,
Comme un charme cruel et cher de vieux portrait
A la voix mensongère autrefois écoutée.

Il en est évoquant l'angoisse des jours clos
Et de soirs assombris de deuils et de sanglots,
Le cœur se rajeunit avec eux et se brise.

Ton souvenir, ô douce amie, a la fraîcheur,
Et l'éclat virginal et la beauté précise
Et le contour sculpté du marbre et sa blancheur.

TOUTE UNE ANNÉE

I

Vos yeux ont détourné leurs regards consolants,
Vos mains ont repoussé mes caresses tentées,
Vos lèvres ont dit : non à mes baisers tremblants.

J'ai compris que la fin des heures enchantées
Était venue et qu'il me fallait dire adieu
Aux chimères d'un jour en mon cœur implantées,

Et que l'Automne avait dépouillé peu à peu
Au souffle desséchant de ses brises sournoises
Le parc ou nous avions aimé sous un ciel bleu,

Du même bleu verdi que tes yeux de turquoises.

II

C'est l'hiver, tout est mort, le ciel de neige est plein,
Et sa chute légère et lente et floconnante
Vêt le sol innocent d'une robe de lin.

Le parc en sa blancheur intense et permanente
Est muet, et la neige a des reflets bleutés
Que parfois un rayon de soleil diamante.

A ce ressouvenir des chaleureux étés
Le décor délicat et blanc se fond en boue;
L'Hercule du rond-point aux gestes apprêtés

Sent la neige couler en larmes sur sa joue.

III

Au sortir de la ville aux bruyantes rumeurs
Le calme retrouvé de la nuit printanière
Berce l'âme blessée en des oublis calmeurs;

Le murmure indistinct d'une lente rivière
Coulant au bas du parc sous les saules penchés
Se grossit en heurtant parfois contre une pierre.

On rêve des yeux doux dans cette ombre cherchés,
La rencontre des mains dans la commune étreinte
Et l'indécision des gestes ébauchés;

Et la voix parlant à l'oreille, presque éteinte.

IV

Nous descendrons tous deux les marches du perron
Et, suivant lentement les tournantes allées
Au sable roux et fin où nos pas marqueront,

Distraits par la langueur des senteurs exhalées,
Nous gagnerons l'endroit où le parc moins connu
Cache dans ses replis de secrètes vallées.

Et, dans la grotte où rit le satyre cornu
Qui regarde couler l'eau des claires fontaines,
Sentant le même mot à nos lèvres venu,

Nous joindrons d'un baiser nos bouches incertaines.

SONNET TOMBAL

Elle dort maintenant sous la pierre tombale.
Les printemps chasseront les hivers. Les ciels gris,
Ensoleillés, verront l'éveil des champs fleuris,
Et quels regrets viendront s'effeuiller sur la dalle ?

Pourquoi se rebeller contre la mort loyale ?
Nous devrions contre elle être mieux aguerris
N'avons-nous pas été dès l'enfance nourris
Dans l'attente du spectre inéluctable et pâle ?

Nous avons vu souvent, parmi l'herbe qui croît
Plus épaisse et plus drue en ce funèbre endroit,
Le pavage inégal des tombes accotées ;

Mais devant cette mort où planera l'oubli
Et ce néant final de l'être enseveli
Je n'ai pu retenir mes larmes révoltées.

LE TROPHÉE

Au fond d'un val lunaire, en des sites agrestes
Où glissent des rayons de féeriques clartés,
Les amoureux perdus en tendres apartés
Cherchent l'endroit propice à la langueur des siestes.

Avec l'inquiétude errante de leurs gestes,
Des lutins épiant les amants abrités
Font craquer doucement les rameaux écartés
D'où pleuvent la rosée et les baumes célestes.

Et la forêt bleuit sous le ciel argentin,
Et dans cette paresse et ce repos des choses
Les Belles aux yeux gris dorment lèvres mi-closes;

Les couples enlacés s'éveillent le matin,
Et s'en vont, emportant dans leurs bras, pour trophées,
Des bouquets embaumés du vol divin des fées.

L'ÉNIGME

Ses yeux sont prometteurs de délices uniques,
Et dans sa face exsangue et tentante sourit
L'implacable défi de lèvres ironiques
Dont la courbe ensorcelle et le baiser meurtrit.

Comme la Femme nue au seuil des Diaboliques
Se haussant vers l'oreille écouteuse que tend
Le Sphinx qui sur son dos aux ailes granitiques
Assied en habit noir, monocle à l'œil, Satan,

Elle ne s'en va pas murmurer aux Chimères
L'aveu qui mettrait fin à notre cécité,
Et garde à tout jamais sur ses lèvres amères
Le secret contenu de sa perversité.

ACHEMINEMENT

I

J'ai fléchi les genoux et le front devant elle
En lui donnant ma vie et mon cœur simplement,
Car ses yeux souriaient de pitié fraternelle
Et je fus attiré par son geste clément;

Et je lui dis l'espoir et le vœu de mon âme,
Et l'intime souhait dont les autres ont ri;
Ses lèvres m'ont versé comme un double dictame
Le baiser qui console et le mot qui guérit.

Naïf, et sans l'orgueil des précoces sagesses
Que feint le cœur blessé dans sa naïveté,
Près d'elle j'ai rêvé la joie et les largesses
De l'idylle éternelle et du songe enchanté

Promenés à travers la richesse des flores
Embaumant à jamais les bois et les chemins...
Toute une éternité de printemps et d'aurores
Où nous aurions marché, des roses dans les mains.

II

Vinrent les jours mauvais de l'ère douloureuse
Triste de l'abandon et du regret qui mord,
Tandis que lentement au fond du cœur se creuse
La tombe où dormira ce premier rêve mort.

On va par la langueur d'Automnes finissantes...
Au frôlement confus d'arbres entrechoqués
Apparaît à travers les feuilles jaunissantes
La claire vision des printemps évoqués,

Et l'on se penche au bord des sources et des fleuves
Pour boire les oublis et l'onde des Léthés
Et trouver le remède aux dolentes épreuves
Du souvenir tenace aux retours entêtés

Qui, se mêlant au chant qu'à mi-voix on répète,
Revient avec le rythme obsédant d'un refrain
Retentir et vibrer dans le cœur du Poète
Exilé de la paix de son rêve serein.

III

Mais, devant le décor des calmes paysages
Déroulés à mes yeux éblouis, j'ai changé
Mes désirs d'autrefois pour des rêves plus sages
Où se plaît le repos de mon cœur soulagé,

Et si, parfois repris des anciennes chimères,
Je tends encor les bras vers leur ombre qui vient,
Sachant que ce sont des mirages éphémères
Je vois fuir sans regret leur vol aérien;

A travers les forêts, les plaines, et les vignes
Je marche émerveillé de leur éternité,
Dans le chant des couleurs et la gloire des lignes
Ivre de solitude et de sérénité;

Et mon pas rassuré gravit les cimes claires
Qui baignent dans le bleu d'un virginal azur,
Loin d'un monde de deuils, de haine et de colères,
Vers le pays du rêve inaccessible et pur.

RÉSIDENCE ROYALE

Les jardins réguliers aux belles ordonnances
Et que peuple le chœur des dieux de marbre blanc,
S'étendent, disposés correctement, mêlant
Pelouses et massifs en douces alternances;

Au soleil reluit la grille à fers de lances
Qui forme tout autour un cercle vigilant;
Et le cri répété d'un ramier roucoulant
Rompt le calme établi des éternels silences;

Le Palais, avec ses façades au cordeau,
Qui dans sa majesté solennelle s'étale
Garde encor sa splendeur imposante et royale :

On rêve en ces jardins le long des pièces d'eau
Où se croisent des cygnes aux ailes de neige
Le défilé pompeux de quelque lent cortège.

TAPISSERIE

A Paul Verlaine.

Un magique jardin aux merveilleuses flores,
Avec des escaliers, des rampes, des bosquets;
Sur les arbres taillés un vol de perroquets
Mêle un éclat vivant d'ailes multicolores;

Et, tout au fond, dans les charmilles compliquées
Que l'Automne piqua de ses parcelles d'or,
Se dresse, solitaire, un vieux Palais où dort
Un lointain souvenir de fêtes évoquées;

La dégradation douce d'un crépuscule
Enveloppe le beau jardin et s'accumule
Sur le luxe défunt des fastes accomplis;

Dans les arbres les perroquets à vifs plumages
Volettent, comme si, troublant les longs oublis,
Quelque Belle y traînait ses robes à ramages.

EN FORÊT

On quitte la grand'route et l'on prend le sentier
Où flotte un bon parfum d'arôme forestier.

Dans le gazon taché du rose des bruyères,
Surgissent, çà et là, des ajoncs et des pierres.

Un tout petit ruisseau que verdit le cresson
Frôle l'herbe, en glissant, d'un rapide frisson.

Nul horizon. Le long de cette sente étroite
Une futaie à gauche, un haut taillis à droite.

Rien ne trouble la paix et le repos du lieu ;
Au-dessus, un ruban très mince de ciel bleu

Que traverse parfois, dérangé dans son gîte,
Un oiseau voletant, qui siffle dans sa fuite.

Puis c'est, plus loin, une clairière à l'abandon
Où noircissent encor des places à charbon ;

Des hêtres chevelus se dressent, en un groupe,
Des arbres épargnés à la dernière coupe ;

De grands troncs débités s'étagent en monceau ;
C'est tout auprès que prend sa source le ruisseau

Qui longe le sentier et traverse la route ;
Il sort d'un bassin rond qui filtre goutte à goutte,

Où tremble, reflété comme dans un miroir,
L'œil vacillant et clair de l'étoile du soir.

TERRASSE

Sur la terrasse qui longe
Les jardins en contre-bas
Où l'herbe envahit et ronge
L'allée où l'on ne va pas,

Où les bassins qu'on néglige,
Parsemés de floraisons,
Ont sur leur eau qui se fige
L'apparence de gazons,

Les branches désordonnées
Des arbres que l'on n'a plus
Taillés depuis des années,
Maintenant, fournis, touffus,

Font une ombre impénétrable
Où le soleil de midi
Laisse la terre friable
Et moisir le banc verdi,

Les arbres comme une houle
Ondulent au vent du soir,
Et la colombe y roucoule
Son éternel désespoir.

HEURES MARINES

Les dolentes cités où longtemps nous vécûmes
Ont lentement décru sur l'horizon fermé ;
Un arôme salin emplit l'air embaumé ;
Là-bas, dans l'éclaircie où s'écartent les brumes,
C'est la mer que fleurit la blancheur des écumes.

★

La vague fait danser les barques amarrées
Par des cables gluants où suinte le goudron ;
Jusqu'à la plage où des filets sèchent en rond
Vient l'échelonnement des villas bigarrées
Que dorlote le flux incessant des marées.

★

La plage s'agrandit sous la mer qui recule ;
Des pointes de rochers surgissent hors des flots ;
Le retour des pêcheurs fait luire les falots ;
Un souffle languissant se lève, qui circule
A travers la chaleur tiède du crépuscule.

★

Dans la nuit sonne un bruit de lointaines enclumes ;
C'est la mer basse qui gémit son chant puissant ;
Et voici le sommeil qui vient, assoupissant
Les souvenirs cuisants et chargés d'amertumes
Des dolentes cités où longtemps nous vécûmes.

LE SANGLIER

Genius loci.

A ce vieux coin du parc étrange
Au sol noir et trempé de fange
Où le pied posé marquerait,
Des arbres serrés côte à côte,
De grands arbres à cime haute,
Donnent un aspect de forêt ;

C'est sauvage et mélancolique :
Parfois un tronc noueux oblique
Comme à demi déraciné...
Une branche remue et craque
Et tombe droit en une flaque,
Dormant dans le sol raviné,

Et sur le fond clair et sans tache
D'un ciel froid d'hiver se détache
Le fouillis sec, grêle et distinct
Des branches où la sève est morte ;
C'est d'une netteté d'eau-forte
Au trait accusant et certain.

Et, dans la boue, à ras de terre,
Un vieux sanglier solitaire
Dont le bronze humide a foncé
De la couleur des vieilles souches
A des hérissements farouches
Sur son piédestal enfoncé.

PAYSAGE

De hauts peupliers dont le feuillage frémit
Comme si des oiseaux y prenaient leurs volées
Reflètent, un à un, leurs tiges isolées
Dans le fuyant miroir du canal endormi;

Au-dessus du vieux pont courbant son arche unique,
Au ras du parapet noir, la lune, émergeant
Dans sa rondeur et dans son éclat mat d'argent,
Monte dans le ciel clair, calme et mélancolique;

Alentour, sur les champs, les routes, les buissons,
S'épandent des lueurs douces de nuits rêvées;
Nul pas humain ne va sonnant sur les levées.

Et pourtant, l'air est plein d'impalpables frissons,
Et, là-bas, très distinct en ces rumeurs confuses,
Chante l'écoulement de l'eau dans les écluses...

LES LIVRES

Ils alignent leurs dos vêtus de cuirs divers
Où luit l'empreinte d'or des fleurons et des titres;
Serrés sur les rayons, côte à côte, à travers
La clarté miroitante et bleuâtre des vitres,
Ils alignent leurs dos vêtus de cuirs divers.

Les maroquins grenus et fins semblent du marbre;
Les veaux polis ont la douceur souple des mains;
Les chagrins sont rugueux comme une écorce d'arbre,
Et, parmi la candeur lisse des parchemins,
Les maroquins grenus et fins semblent du marbre.

Aux uns, le rouge ardent et les riches couleurs;
Aux autres, la douceur des teintes amorties,
Le bleu-tendre, le vert et ses glauques pâleurs,
L'indécision des nuances perverties
Qui dérivent du rouge et des riches couleurs.

O livres, confidents de la pensée humaine,
Gardiens silencieux de trésors amassés,
Il est des heures où la fatigue ramène
Les cœurs pris de tristesse et les esprits lassés
Aux livres confidents de la pensée humaine,

Car entre leurs feuillets sommeille le parfum
De rêves confiés et d'intimes détresses,
De vœux inexaucés ; et c'est là que plus d'un
Mit ses plus chers espoirs, ses meilleures tendresses
Qui montent des feuillets comme un vivant parfum.

C'est vers eux qu'on s'en vient encore aux heures lentes
Lorsque, pris du dégoût des hommes coudoyés
Et de l'écœurement des choses ambiantes,
On appelle l'essor des rêves éployés ;
C'est vers eux qu'on revient toujours aux heures lentes ;

Et l'esprit allégé fuit sur l'aile des mots,
Trompant ainsi l'ennui des traînantes journées ;
Dans un oubli voulu du réel et des maux,
Au froissement fébrile des pages tournées,
L'esprit allégé fuit sur les ailes des mots.

RENOUVEAUX

J'ai promené mes pas parmi les abandons
Des lieux inhabités d'où la vie est absente,
Et dans leur solitude encore frémissante
Vibre l'écho de voix que seuls nous entendons;

Les lieux inhabités d'où la vie est absente
Gardent le souvenir des lointaines gaîtés,
Comme l'Automne garde un peu des chauds Étés
Dans son calme attiédi de saison finissante;

Gardant le souvenir des lointaines gaîtés,
Les parcs ensevelis sous le lierre et les mousses
Sont pleins de songerie et de tristesses douces
Qui bercent lentement les esprits irrités;

Les parcs ensevelis sous le lierre et les mousses
Tristes infiniment de l'hiver approchant,
Ont leurs jours de réveil quand le soleil couchant
Dore l'éclosion folle des jeunes pousses ;

Tristes infiniment à l'hiver approchant,
Les vieux parcs ont aussi leurs renouveaux splendides ;
L'épanouissement des verdures candides
Où le vent de la nuit soupire comme un chant.

Bénissons le retour des renouveaux splendides
Par qui les cœurs lassés un jour sont rajeunis,
Où dans le gonflement des espoirs infinis
Les yeux n'ont plus de pleurs et les fronts plus de rides.

LA GRAPPE

> L'Aurore impériale et sa pourpre ont passé...
> Francis Vielé-Griffin (*Les Cygnes.*)

O chère, qui connais le rêve dont je meurs,
Moi qui voudrais cueillir des raisins d'or aux treilles,
Assoiffé d'impossible et rêveur de merveilles
J'ai fait longtemps en vain le geste des semeurs.

Romps la paix oublieuse et calme où tu sommeilles
Vaguement souriante à des songes charmeurs ;
Le vent des frais matins promène ses rumeurs
Et la nuit s'éclaircit pour les aubes vermeilles ;

Allons vers la colline où nous guide l'Espoir,
Vers la colline douce et de mes mains plantée,
Chercher le fruit promis et la grappe enchantée ;

Et, si rien n'a germé, nous descendrons, le soir,
Pour guetter en la foi d'attentes puériles
Le retour régulier des Aurores stériles.

L'ILE

A Stéphane Mallarmé.

Avec son chant calmeur qui soulage les âmes
Par l'assoupissement des moroses pensers,
La mer s'en vient mourir en rythmes cadencés,
Berçant de vieux espoirs dont longtemps nous rêvâmes.

Et le désir nous prend de voguer sur les lames
Au roulis vagabond des vaisseaux balancés,
Par des pays brûlants et des climats glacés,
En de frigides nuits et des midis de flammes,

Pour voir (ô rêve inné soudainement éclos)
Sur cette immensité frissonnante des flots,
Aux confins de la mer brumeuse et matinale,

Surgir à l'horizon s'ouvrant comme un décor
Dans le magique éclat d'une aube virginale
L'Ile des fleurs de pourpre et des feuillages d'or.

VICTOIRE

Sur la plaine la nuit solennelle descend
Avec l'apaisement du silence et de l'ombre,
Et dans les chemins creux que la déroute encombre
Les boucliers ont chu dans des flaques de sang.

Au revers des fossés la terre cède et glisse
En larges pans sous l'escalade des fuyards...
Et le roi triomphant voit sur ses étendards
Ouvrir ses ailes la Victoire, sa complice.

Et sur un tertre, groupe implacable et serein,
Quatre hérauts coiffés de casques à crinières
Collent obstinément leurs haleines guerrières
A l'embouchure d'or des trompettes d'airain.

SONGE D'ÉTÉ

Voici que la splendeur des brûlantes saisons
S'épanouit enfin sous l'azur diaphane ;
De la terre accablée un chaud parfum émane
Vers les soleils d'été baignant les horizons.

Le fleuve fait courir ses ondes métalliques
Vers la pureté claire et vaste des lointains,
Et sur les pics aigus et les sommets hautains
Rayonne la blancheur des neiges angéliques ;

L'azur des lacs muets figés en plein soleil
Où nul frissonnement ne passe s'égalise
Et leur surface plane où l'eau s'immobilise
Semble un œil léthargique au clairvoyant sommeil,

Aux flancs des monts, dans les gorges et les vallées,
La plainte des forêts s'interrompt et se meurt
Dans le décroissement d'une vague rumeur,
Et de grands rayons d'or balafrent les allées.

Et moi, je veux dormir la tête entre tes seins
O chère, et que tes yeux aux lueurs bienfaisantes
Me versent le repos des heures apaisantes
Où des rêves bénis tournoieront par essaims;

Car je suis las, ô douce amie, et je repousse
Le délirant amour trop charnel et trop fort,
Entre tes bras fermés je veux croire à la mort
Tant cette paix de l'âme et du corps sera douce;

Et berce infiniment ma tristesse de cœur
Avec de longs baisers sur mes lèvres crédules
Jusqu'à l'heure où le vent des tièdes crépuscules
Ouvrira sur mon front ses ailes de langueur.

Jusqu'à l'heure où de mes prunelles agrandies
Et que dilate encor quelque rêve enchanté
Je croirai voir, dans le couchant ensanglanté,
Monter l'essor vengeur de fauves incendies.

L'HEURE

Le bruit irrégulier de notes égrenées,
La caresse de mains sur le clavier traînées
Avec un abandon indifférent et las ;

D'un vase de Chine à parois enluminées,
Sur le tapis luisant d'étoffes satinées,
Choit la défleuraison de grappes de lilas ;

Et la pendule blanche et frêle en porcelaine
Qui bat dans l'ombre avec une douceur d'haleine
Laisse tomber ses coups, un à un, comme un glas ;

Et, dans le cœur lassé de sa recherche vaine,
S'éveille tristement la mémoire lointaine
De bonheurs disparus qui ne renaîtront pas.

SOLITUDE

Comme au fond des vieux parcs déserts et dédaignés
Où dort en des bassins disjoints une eau verdie,
Il serait triste et doux d'errer, l'âme engourdie,
Sous l'abri reposant des arbres alignés ;

Il s'allume au couchant des lueurs d'incendie
Le vent passe dans les feuillages éloignés ;
C'est comme un bruit plaintif de sanglots résignés
Pleurant les deuils lointains de quelque perfidie...

Et voici le rond-point, et vers l'ancien château
Monte en rétrécissant sa courbe régulière
Un large escalier double à balustres de pierre ;

Et l'on va, s'accoudant aux rampes, et, bientôt
La lune bienveillante aux endroits solitaires
Eclaire vaguement les bois et les parterres.

LE MAUVAIS SOIR

La nuit se fait sereine et douce
Et tendre comme mon serment;
Mes larmes tombent lentement
Sur cette main qui me repousse;

La nuit se fait douce et sereine...
Une étoile est au fond des cieux;
Puisses-tu lire dans mes yeux
L'amour que ta froideur refrène;

La nuit se fait douce et sereine
Et ma voix t'implore tout bas,
Par pitié, ne m'écarte pas
De ton geste orgueilleux de reine.

La nuit se fait sereine et douce,
La lune luit sur le chemin,
Mes larmes tombent sur la main,
La main chère qui me repousse.

INSOUCIANCE

La barque glisse à la dérive.
Le tendelet de couleur vive
Est de soie écarlate et d'or,
Et parmi les rayons obliques
Le rythme apaisant des musiques
S'affaiblit et le fleuve dort.

La chute pesante des rames
Dans l'eau fait rejaillir des flammes ;
On peut suivre à ses clairs rubis
La trace lente du sillage,
Et sur un ton d'enfantillage
S'échangent rires et babils.

Et pourtant le fleuve débouche
Dans la mer perfide et farouche,
Prochain tombeau du soleil mort...
Et parfois une femme casse
Et cueille quand la barque passe
Un des lys qui croissent au bord.

L'heure est si douce que l'eau semble
S'arrêter — seul un roseau tremble —
Et là-bas on entend l'appel
Que jettent dans le grand silence,
A l'abri de la petite anse,
Les Nymphes roses de Coypel.

LA DEMEURE

Le sonore palais aux arcades antiques
Reflétant leur courbure au courant des viviers,
La demeure mystérieuse où vous viviez,
Parmi les marbres blancs qui pavent les portiques
Ouverts sur la campagne où le soleil étale
Les nappes d'or de son déluge de clarté,
Est maintenant déserte et vous avez quitté
A jamais la maison pacifique et natale.....

Vous ne passerez plus dans le parc où s'écaille
Le torse du Héros, ancêtre fabuleux,
Par les sentiers bordés de buis méticuleux
Vers la source qui sourd de la grotte en rocaille.

Le charme promené de vos altières grâces
Manque au noble décor où sur les escaliers
Se pavane l'orgueil des vieux paons familiers,
Et votre accoudement aux rampes des terrasses;
Le développement de vos robes à traîne
Ne courbe plus les fleurs du gazon négligé...

Et, derrière la grille haute en fer forgé,
Un passant eût suivi votre allure de reine;
Et j'eusse été celui qu'un rêve transitoire
Emplissait du désir vague que vous vinssiez
Vers lui, dans l'apparat de vos atours princiers,
Offrir leur luxe à son insolente victoire.

BLESSURE

Comme un essaim neigeux de colombes, l'Aurore
A dispersé son vol au ciel effarouché,
Mais je sais le soir morne et le soleil couché
Aux horizons sanglants où pleure un vent sonore...

Dans cette clarté d'aube au ciel, et dans la vie
Qui s'offre à vous avec son attrait d'inconnu,
En votre orgueil paré d'un sourire ingénu,
Vous marchez hardiment, ignorante et ravie;

Et vous ne savez pas, vous qui voyez la sève
Verdir la plaine fraîche et les lointains boisés,
Comme se faneront les fleurs de votre rêve.

Vous sentirez déchoir vos essors maîtrisés
Et le sang maculer de sa pourpre apparente
Votre cuirasse d'or de jeune conquérante.

PARDON

La grêle meurtrière a flagellé la vigne
Où la grappe se meurt qui ne doit pas mûrir,
Et je vois le bassin desséché se tarir
Et sa vase souiller l'aile blanche du cygne;

Et désespérément en moi je sens mourir
La révolte et l'orgueil du rêve qui s'indigne
D'être déçu toujours et mon cœur se résigne
A ne pas espérer pour ne pas trop souffrir;

Car je sais que ta voix même qui me rassure
Sera pareille au jour de trahison future...
Et voici mon pardon qui d'avance t'absout;

Qu'importe si la coupe où je bois est d'argile,
Prends donc ce cœur qui sait que tout espoir est fou,
Qui pardonne au fragile amour d'être fragile.

FOR EVER

Ce doux portrait où votre grâce était mêlée
Au déguisement cher aux femmes d'autrefois,
En costume de Diane et flèches au carquois,
Cette image de vous si pâle et pastellée,

Je l'ai brutalement brisée entre mes doigts
Et sa poussière fine au vent s'est en allée ;
J'ai si bien désappris ta mémoire exilée
Que je redis ton nom sans que tremble ma voix.

Nul écho revenu de votre rire en fête
Ne trouble cette paix durable qui s'est faite
En mon cœur sur ce vieil amour que j'ai pleuré

Et que je sais bien mort sans peur qu'il ressuscite
Et dont il m'est au fond de l'âme demeuré
Le poids inavoué d'un souvenir tacite.

OMBRE

Le visage était comme un rêve dans mon rêve...
On eût dit que la douce lèvre avait pleuré
Quelque perte d'un vieil espoir invétéré,
Intime floraison qu'un sort jaloux prélève;

On devinait dans la brisure de la voix
L'inflexion de mots qu'elle ne veut redire,
Et la futilité charmante du sourire
Survivait aux gaîtés rieuses d'autrefois;

Le rêve inassouvi de mes lentes années
Avait ombré ses yeux d'un regret fraternel
Et je sentais comme un lien originel
Unir les sorts épars de nos deux destinées;

Elle avait dû se plaire au gré d'un songe vain
A bercer son désir sous des ciels de féeries,
Parmi les îles d'or d'impossibles patries
Où mon cœur exilé, comme le sien s'en vint ;

Elle avait dû passer dans les jardins en fête
Dont elle rapportait sur elle les parfums,
Où le feu d'artifice et les flambeaux défunts
Ont cessé de brûler dans la nuit qui s'est faite,

Écoutant frissonner dans les bosquets déserts
La brise qui s'éloigne en froissant les feuillages,
Et sur le bord du lac où s'ouvrent des sillages
Des barques emporter des chants et des concerts,

Et par l'obscurité des décors nostalgiques
Suivre dans la nuit froide où le rire a passé
— Comme un angelus d'or au fond d'un ciel glacé —
Les échos affaiblis de lointaines musiques.

LE RIRE

A Sully-Prudhomme.

L'appel impérieux du jeune Amour les mène
Vers le bois où dans l'or a ri l'Été vainqueur,
Inébriés d'avoir bu la rouge liqueur
Qui chante et mousse aux bords de la coupe trop pleine ;

Ils écoutent l'aveu de la parole vaine
Qui fait glisser sa paix au trouble de leur cœur ;
Et je reste rivé comme un Terme moqueur
Au sol où l'enracine et le fixe sa gaine.

Au centre des chemins ainsi qu'un exilé,
Jusqu'au soir, à l'écart, j'assiste au défilé
Des couples amoureux que j'envie et j'admire,

Qui vont se retournant inquiets dans la nuit,
Et prennent pour l'éclat éveillé de mon rire
Le sanglot réprimé d'un regret qui les suit.

DEFUNCTA

Mon rêve indifférent que nul espoir ne guide
Vers un but inconnu va désintéressé,
Au gré du souvenir dont le souffle a passé
Dans le silence et dans la nuit de mon cœur vide

Aux lentes visions des horizons futurs
Entr'ouvrant devant moi leurs vagues perspectives,
Je retrouve toujours les couleurs primitives,
En les mêmes couchants dans les pareils azurs.

Les fleuves dont j'avais bu les ondes naissantes
Auxquelles je trouvais, enfant, un goût amer,
S'élargissent et vont disperser dans la mer
L'élan continué de leurs vertes descentes.

Et dans les yeux aimés où pour chercher l'oubli
Le regard fatigué d'avoir trop vu se plonge
Veille éternellement le décevant mensonge
Que cache aussi la lèvre en l'orgueil de son pli.

Jusqu'au jour où viendra la mort qui nous délivre
Du vieux mal d'espérer, je t'aime, ô bon Passé,
Car je te sais bien mort dans ton néant glacé
Et que je n'aurai pas du moins à te revivre.

ANGELUS D'AVRIL

Le vent qui siffle et courbe au loin les herbes folles
Éparpillant la neige odorante des fleurs
Semble un souffle errant et lassé venu d'ailleurs
Chargé d'échos lointains et d'anciennes paroles ;

Indécise, comme un aveu qui s'interrompt,
Là-bas, faiblit la voix des cloches timorées,
Et cette heure, comme les heures espérées,
Dit ses appels indifférents qui s'enfuiront ;

La chute du soleil eut d'ironiques fêtes
Pour parer le couchant de pourpre vive et d'or
Et c'est le crépuscule amical où s'endort
Le soir ensanglanté des intimes défaites.

Dans la brise qui rampe et rase les talus
Se disperse le son des cloches défaillantes,
L'ombre comme une mer épand ses nappes lentes,
Le jour parti s'ajoute aux jours qui ne sont plus ;

Et comme une marée abandonnant les grèves
Déferle et meurt le flot décru du vieux Passé,
Et je me laisse aller indolent et lassé
A l'oubli bienfaisant des rythmes et des rêves.

LA TOMBE SURE

A Leconte de Lisle.

Pour dormir le sommeil que ne troublera plus
L'importune rumeur de la Terre qui clame
Alentour, c'est bien la tombe que je réclame
Pour y coucher l'oubli de mes jours révolus ;

Le séjour envié que garde à ses élus
La douce mort, si douce aux fatigues de l'âme ;
C'est bien l'asile inviolé que rien n'entame,
Même le flot monté d'irrésistibles flux ;

Car la mer secourable et qui berça mes rêves
Un jour envahira les dunes et les grèves,
Gonflant l'expansion de sa vague qui dort ;

Ayant constitué son niveau tutélaire,
La mer sera pour moi comme une double mort,
Scellant de tout son poids la dalle tumulaire.

EXIL

J'ai laissé loin de moi la ville et les faubourgs
Que remplit la rumeur incessante des foules,
Où le peuple en émoi fait onduler ses houles
Lorsque vibre l'appel révolté des tambours.

Dédaignant l'action stérile et douloureuse,
J'ai clos mes yeux lassés et j'ai croisé les bras,
Mes mains n'ont pas trempé dans les labeurs ingrats,
Je n'ai pas eu la soif de l'or âcre et fiévreuse.

J'ai méprisé l'amour incertain et fragile
Si prodigue de mots qu'un lendemain dément
Et dans sa tombe j'ai baisé pieusement
L'illusoire et menteur fantôme aux pieds d'argile,

Et j'ai dit à mon âme errante qui pleurait
Sur la plage sonore où blanchissent les grèves :
« Rêve un monde meilleur au souhait de tes rêves
« Où fleurira la fleur de ton désir secret ;

« Un monde sans pareil et radieux d'Aurores
« Où dormira la paix des éternels Étés,
« Oasis de parfums et d'étranges clartés
« Et jardin embaumé d'impérissables flores. »

Mon âme par delà les lointains horizons
Où dans la brume d'or des couchants pacifiques
Se dressent les cités avec leurs toits obliques
S'envole au doux pays des promptes guérisons,

Au doux pays perdu dans ces régions vagues
Où s'isole l'esprit des poètes songeurs,
Au pays fortuné baigné par les rougeurs
Des soleils flamboyants effondrés dans les vagues.

Sur le sol vierge encor se déroulent les plans
Des paysages beaux de jeunesse première,
Dans l'absolu silence et la pure lumière,
Et les exhalaisons de parfums somnolents.

Le bleu des nuits a des lueurs de crépuscule,
Des nuits de quiétude et de sérénité,
Et l'horizon précis en sa limpidité
Dans un clair infini s'enfonce et se recule;

Et d'un ciel pur que rien n'altère et ne ternit,
La lune, prodiguant aux choses reposées
La chute fécondante et molle des rosées,
Sent monter de la terre un parfum rajeuni.

Parmi les bois touffus où s'endort et se fige
L'étang mystérieux aux magiques reflets,
Où croissent des iris teintés et violets
Se penchant sur l'eau claire à donner le vertige,

Je croiserai les pas de celle qui m'attend
Pour m'ouvrir à jamais son âme hospitalière,
La divine Attendue à mon cœur familière
Qui l'aimait d'un amour éternel et latent,

Celle qui sous l'azur des féeriques contrées
Promène lentement son regard sourieur,
Celle qui réalise un rêve intérieur
De tendresse et de paix nulle part rencontrées,

Celle qui sait bercer du rythme de sa voix
Le cœur rasséréné du deuil et de l'alarme,
Celle dont la présence est le suprême charme,
Rêve de maintenant et rêve d'autrefois.

ÉPILOGUE

Tu viendras en un jour d'épreuve et d'amertume,
Lorsque monte dans l'âme un flot de désespoir,
A l'heure où dans l'azur sombre et profond du soir
Une apparition d'étoiles se présume;

Tu viendras en courbant les herbes et les fleurs
Sous le poids de ta robe onduleuse et traînante;
Et nous irons tous deux vers l'aube consolante
Vers des ciels plus cléments et des soleils meilleurs;

En toi je trouverai tout ce que j'ai cherché
Dans ce monde mauvais où l'âme se désole :
Le cœur qui compatit et la voix qui console.
Je me relèverai fort, le sang étanché;

Et laisse-moi rêver qu'au bout de la prairie
Tu marches en courbant les fleurs et viens à moi,
Et laisse-moi goûter cet ineffable émoi
De te croire si proche, ô passante chérie;

Car tu viendras un jour, ainsi le veut le sort
Miséricordieux à qui souffre et qui pleure,
Oui tu viendras demain, aujourd'hui, dans une heure,
O divine Inconnue et tu seras la Mort.

SITES

1887

PROLOGUE

Ce chant me racontait mon rêve intérieur...
Un brusque déliement de nattes bien nouées,
Un éploiement joyeux d'ailes inavouées,
Tel fut pour moi ce rythme, et vers l'azur rieur

C'était, là-bas, aux lointains bleus des avenues
Parmi l'herbe fleurie et la forêt d'avril
Mon âme même qui disait son puéril
Poème par ce jeu de lèvres inconnues.

Je restai si longtemps muet, à bien ouïr
Ce doux son labial dit pour s'évanouir,
Que je n'ai pu baiser tes lèvres, ô Joueuse,

Dont j'ai trouvé, vibrante de ton souffle encor,
La flûte de roseau délicate et noueuse
Parmi l'herbe où volaient de grands papillons d'or.

I

Les Déesses veillent encore aux péristyles
D'un avenant sourire aux hôtes attendus,
Et leurs yeux attristés et leurs regards perdus
Vont à la perspective aux vieux décors futiles :

Parterres où les ifs taillés, en longue files,
Dressent le bronze vert de leurs cônes tondus,
Ronds-points où les jets d'eau sourdent, inattendus,
De vasque circulaire en gerbes volatiles,

Lointains boisés où se détournent des chemins
Favorables aux pas brisés des lendemains
Lourds du deuil vigilant d'éternelles absences,

Mirages automnaux des arbres effeuillés
Aux bassins dont ne trouble plus les somnolences
L'élan silencieux des Cygnes exilés.

II

Nous n'arriverons pas, ô mon âme, au revers
De la colline d'où l'on voit en la vallée
La maison qui fait choir au sable de l'allée
Son ombre et la défleuraison des jasmins verts ;

C'était pourtant ainsi charmant de fuir et vers
Celle qui fut la sœur des roses de l'année ;
Sur la foi d'un refrain de chanson surannée
Vers Elle, malgré le mensonge des vieux vers :

« Elle t'attend, là-bas, à la maison des treilles,
« Comme la paille au toit d'une ruche d'abeilles
« Sa chevelure est blonde et son amour t'attend... »

Mais la route dévie et dans le crépuscule,
Avec un bruit sinistre d'ailes, on entend
Un moulin qui se désespère et gesticule.

III

Choisis ! la nuit s'achève et sur la Mer qui bêle
Comme un troupeau pressé qu'on pousse dans les brumes
Couchée en la toison éparse des écumes
Peut-être verras-tu venir Vénus la Belle !

Elle est le rêve préféré de ceux qui vont
Promener par la nuit leur désir qu'a tenté
L'espoir de voir surgir le divin corps vanté,
Blanc comme l'aube blanche éclose au ciel profond ;

Toi qui dédaignes tout trivial simulacre
De celle qui descend de sa conque de nacre
Parfois mettre un baiser sur les fronts qu'elle sacre,

Résigne-toi, sinon vers les Cités accours,
Car celui qui préside aux vulgaires amours
Le Priape velu s'érige aux carrefours.

IV

J'avais marché longtemps et dans la nuit venue
Je sentais défaillir mes rêves du matin,
Ne m'as-tu pas mené vers le Palais lointain
Dont l'enchantement dort au fond de l'avenue,

Sous la lune qui veille unique et singulière
Sur l'assoupissement des jardins d'autrefois
Où se dressent, avec des clochettes aux toits,
Dans les massifs fleuris, pagodes et volière ?

Les beaux oiseaux pourprés dorment sur leurs perchoirs ;
Les poissons d'or font ombre au fond des réservoirs,
Et les jets d'eau baissés expirent en murmures,

Ton pas est un frisson de robe sur les mousses,
Et tu m'as pris les mains entre tes deux mains douces
Qui savent le secret des secrètes serrures.

V

Ce fut au soir joyeux d'un avril où la fonte
Des neiges transformait les pentes des sentiers,
Sonores de cailloux et roses d'églantiers,
En ruisseaux dévalant vers le fleuve qui monte ;

La toison des brebis s'en allait sous la tonte,
Laines que l'autre hiver tisseront les métiers,
Auprès du feu, comme ce soir où vous chantiez
L'ode d'un vieux poète à Vénus d'Amathonte ;

Et tout ce long hiver jusqu'à ce jeune avril
Je vous aimai d'un vain amour si puéril
Qu'il ne fallut rien moins pour que je m'enhardisse

Que la complicité des mousses où l'on dort
Et ce Printemps, pour qu'entre mes bras je vous prisse,
Un soir, devant ce grand bélier à cornes d'or.

VI

Un blanc vol de ramiers tournoie en l'azur clair
Au-dessus de l'étang qui dort dans les prairies.
L'odeur du foin se mêle au parfum de ta chair,
Mon rêve s'est paré de couronnes fleuries.

Un blanc vol de ramiers tournoie en l'azur clair
Se disperse et s'ébat aux toits des métairies
Et l'éparpillement de leur descente a l'air
D'une défleuraison de couronnes fleuries ;

Et me voici comme au retour d'un long exil
Saluant aux clartés nouvelles de l'avril
L'éclat régénéré des espoirs refleuris ;

Nulle voix n'avertit nos heures dépensées,
Toujours le même rêve et les mêmes pensées
Et toujours les ramiers au ciel crépusculaire.

VII

Au site d'eau qui chante et d'ombrages virides
La meute déroutée a tu ses longs abois,
Et les chasseurs dans un bruit de cors et de voix
Sont partis sur la piste fausse à toutes brides ;

L'étang où n'ont pas bu les chiens n'a pas de rides ;
Aucun pied n'a foulé l'orgueil des roseaux droits ;
Nul trait aux troncs meurtris des grands arbres du bois
N'enfonce un memento vibrant d'éphémérides ;

Et le Cerf qui s'en vient, le soir, apprivoisé,
Quand, sur ma flûte puérile où j'ai croisé
Les doigts, je joue un air coupé de lentes pauses,

A genoux m'offrira ses andouillers noueux
Où je suspens le poids d'un message de roses
Pour Celle aux doux vouloirs que nous servons tous deux.

VIII

Les cheveux libérés du multiple entrelacs
Des perles qui fixaient la lourdeur de leurs tresses
Se déroulent avec les ondantes paresses
D'une eau de fleuve ensoleillé très lent et las.

Au soir enfin venu de toute fête, hélas !
Parmi l'oubli qu'on cherche aux fausses allégresses,
Revient plus virginal à travers les ivresses
Le doux parfum mélancolique des lilas.

Le Vin effervescent qui chante dans la tête
Ne fait-il pas rêver au lait tiède que tette
Au pis lourd et gonflé quelque chevreau gourmand ?

De tes cheveux nattés ôte les pierreries,
O Divine, et, ce soir, buvons ingénument
A genoux dans les fleurs aux sources des prairies.

IX

J'ai ri, car vous aviez en vos yeux clairs le rire
Ingénu de l'Aurore au matin des Avrils,
Et le futur émoi des aveux puérils
Dormant aux coins muets des lèvres qui vont dire ;

Et j'ai soumis naïvement à votre empire
Le tribut apporté de mes orgueils virils
Et n'ai voulu courir que les très doux périls
De vos caprices, de vos vœux et de votre ire ;

Et j'élus de rêver à vos pieds sans avoir
D'autre délice, d'autre prix et d'autre espoir
Qu'un vol furtif des fleurs qui de vos tresses blondes

Tombent devant mes yeux indifférents et morts
A ces Avrils qui m'ont fait aimer les Vieux Mondes
Où vous n'étiez pas née à mes rêves d'alors.

X

A l'éveil printanier des aubes et des rêves
Le doux secret de notre amour s'est révélé ;
On entendait le son d'une flûte mêlé
Aux brises qui portaient des fleurs jusques aux grèves ;

L'Eté luxuriant berça nos heures brèves
De l'ensoleillement de son midi troublé
D'un seul frisson sonore et continu de blé
Roux comme les cheveux des Eros et des Èves ;

Et, l'Automne, dans ce verger où nous errons
Nous vîmes se gonfler et mûrir sur nos fronts,
Sans les cueillir, les fruits, tentants comme la gloire,

Qui mènent les Héros fabuleux loin du Port
Vers leur trophée et la conquête dérisoire
D'une cendre qui gît sous une écorce d'or.

XI

Le chaud soleil d'Eté berça les incuries
De mon rêve engourdi sans force ni vouloir
Et ma vague torpeur qui s'est distraite à voir
Houler les épis lourds des récoltes mûries.

La gloire du couchant flambe des cuivreries
Du soleil qui se meurt en sa pourpre du soir
Et ce ciel de métal et de sang fait prévoir
L'égorgement prochain des certaines tueries.

Au long d'un bois que le soleil atteint encor
Le tranchant d'une faulx qui luit comme de l'or
Semble un glaive oublié gisant dans l'herbe grasse;

Près d'un sillon, miroite et se courbe le soc
D'une charrue avec des reflets de cuirasse,
Et la Mer calme écume à la pointe d'un roc.

XII

Ta vie eut des splendeurs de victoire et de joute
Vibrant encor en leur éclat perpétué,
Comme un frivole écho de ton nom salué,
Dans le silence de la chambre où je t'écoute

Des lèvres redisant en mots d'ombre et de doute
L'inanité de ton effort évertué
Et le grief d'un rêve en vain infatué
De l'unique idéal où tu te vouas toute ;

Car ton passé est triomphal de gloire, encor
Qu'il n'ait su conquérir l'Escarboucle qui dort
Aux soins du Dragon bleu qui garde qu'on la voie

Et suit de ses yeux clairs d'un éternel éveil
Celle qui sur un luth aux sept cordes de soie
Lui joue un chant propice à l'induire au sommeil.

XIII

Vous avez conservé la grâce évanouie
Et le charme légué d'un siècle antérieur
Où vous eussiez été Nymphe d'un bois rieur
Et plein d'échos joyeux de votre voix ouïe.

N'avez-vous pas filé les blonds chanvres rouis
En quelque féodale et massive demeure,
Et désolé du don de votre amour qui leurre
Les Trianons et les Versailles éblouis ?

Car vous êtes l'Hébé rieuse qui préside
Aux fêtes dont le cœur sent l'annuel retour,
Vous êtes la présente et future Sylphide

Que tous viennent baiser aux lèvres, tour à tour,
Et qui m'offre aujourd'hui sa caresse éternelle
Dont le désir à chaque Avril se renouvelle.

XIV

Le fleuve a recouvert la berge et, par les plaines,
Roule en ses flots grossis les fleurs des vieux Étés
Et les bouquets du haut des terrasses jetés
Par l'ennui qui s'accoude aux Villas riveraines.

Les feuilles ont jonché le bassin des fontaines
Où les arbres du parc miraient leurs soirs fêtés
De lanternes, les soirs d'idylliques gaîtés
Dont l'écho vibre encor après tant de semaines.

Comme une barque où sont de bons musiciens
Sous un tendelet pourpre et des femmes parées
Jetant des fleurs, là-bas, mes Rêves anciens

S'en vont à la dérive au gré des eaux marbrées
Vers le Soleil couché des jours étésiens
Par delà le vieux pont aux neuf arches cintrées.

XV

La maternelle Mer aux vagues monotones
A bercé notre amour de son flot incessant
Dans la grotte où fleurit le luxe éblouissant
Des métaux ignorés et des fleurs sans automnes ;

Les cristaux incrustés aux rondeurs des colonnes,
A la mort du soleil, se teignirent de sang,
Et l'heure épanouit le rire qui consent
De tes deux lèvres, sœurs de chairs des anémones.

Ainsi j'ai triomphé de Toi dans l'antre obscur
Ouvrant sa baie énorme et ronde sur l'azur...
Et nous restions, au bruit des houles murmurantes,

A suivre, en son déclin rayant le ciel plus clair
Parmi l'effacement des étoiles mourantes,
La comète aux crins d'or qui tombait dans la Mer.

XVI

Un caprice cruel a cloué sur la proue
Du navire porteur de voiles et d'espoir
La Sirène qui tient en sa main un miroir
Et dont la chevelure éparse se dénoue.

La Charmeuse qui sur la plage où la mer troue
De son flot obstiné le rocher dur et noir
Vers la côte attirait le voyageur du soir
Et vers l'écueil inévitable où l'on échoue,

Privée à tout jamais du vieil enchantement,
Regarde l'accalmie et le déroulement
De la houle muette aux horizons où monte

Le deuil d'ombre qui suit la chute des soleils :
Nuit où son chant n'arrête plus la course prompte
Du navire porteur d'espoirs et de sommeils.

XVII

Un tintement de pluie à la vitre fêlée
Fait sonner doucement le timbre de cristal
Du verre s'ouvrant sur un ciel occidental
Triste d'astre défunt et de pourpre exilée.

La ligne d'horizon pâle s'est nivelée
Au lent écroulement des dômes de métal,
Vestiges dont le pied d'un conquérant brutal
Profane à tout jamais la gloire mutilée.

Un déluge tombé d'un ciel d'encre et de soir
Dispose son linceul et pleut son désespoir
Sur la ville, à demi détruite, de mon Rêve ;

Et je reste aux carreaux, poings crispés, m'attardant
A ce spectacle offert de voir comme s'achève
Cette destruction de Ville à l'Occident.

XVIII

Des chiens en éveil ont hurlé toute la nuit
Dans les cours des maisons et des fermes voisines
A la lune montrant par-dessus les collines
Sa face pâle à tout jamais d'un vague ennui ;

Les vieux chênes et les sapins ont frissonné
Dans l'ombre où bourdonnait le gros bruit de l'écluse,
La fontaine a coulé sur sa pierre qui s'use,
A chaque heure l'heure plus lugubre a sonné ;

Et dans cette insomnie et cet énervement
Qui me chargeaient le cœur d'une sourde rancune,
J'ai goûté l'amertune et l'assouvissement

De scruter ma misère et ma vie importune,
De les maudire, et j'ai pleuré, rageusement,
Comme ces chiens, là-bas, qui hurlaient à la Lune.

XIX

Aux frontons du Palais un lent vol de colombes
S'abat en tournoyant dans l'azur vert du soir...
La cendre des bûchers éparse dans le soir
Pleut son silence sur le cri des hécatombes.

O lèvres qui riiez aux baisers des colombes !
Et vous qui méditiez l'aveu d'un autre soir,
O Vierges, fallait-il que votre sang, ce soir,
Doublât de son tribut le prix des hécatombes ?

La blancheur de vos chairs se tordit aux brûlures
Des flammes qui montaient et que le vent du soir
Agitait sur vos front comme des chevelures,

Le vent qui dispersa vos cendres en semailles
Vers les champs où repose au sarcophage l'Hoir
Royal dont votre mort para les funérailles.

XX

Ce décor a bercé les rêves d'un autre âge...
Cette Harpe a rythmé des refrains plus frivoles,
Et la poussière semble au marbre des consoles
La poudre qui tomba de quelque doux visage ;

Les candélabres hauts offrent comme un hommage
Leurs cires où brûla le feu des flammes folles,
L'écho bégaie et dit d'incomprises paroles,
Le miroir s'est fermé sur un dernier mirage ;

Dans la chambre féconde en malaises étranges,
Par la fenêtre ouverte en ses rideaux à franges
D'où l'on voit aux lointains bleuis des avenues

L'étang où luit l'éclair brusque d'un saut de carpe
Et le jardin désert où rêvent les statues,
Le doigter du vent vibre aux cordes de la Harpe.

XXI

Et les voici liés au mal des sortilèges
Les Héros qui voulaient à travers les périls,
En la fatuité de leurs rires virils,
Cueillir la fleur de flamme et les lis blancs des neiges ;

Eux qui rêvaient la gloire lente des cortèges,
Et, pour futur exemple aux siècles puérils,
Les palmes rayonnant leurs éternels Avrils
Comme un défi d'orgueil aux oublis sacrilèges.

Mais leur désir de rose aux seins s'épanouit ;
Le lis qui fascina leur regard ébloui
C'est la laine filée aux quenouilles d'Omphales,

Et, raillant l'inertie où leur rêve s'endort,
D'ironiques rappels de marches triomphales
Passent comme un bourdonnement de guêpes d'or.

XXII

Sur les parterres blancs et les façades closes
Une clarté de lune et de rêve s'étend,
Et nous avons longé le bord du vieil étang
Où flotte la senteur vespérale des roses ;

La nuit lunaire est bonne aux rêves noctambules
Hasardant leur recherche au perron écroulé,
Et c'est comme un écho des pas qui l'ont foulé
Que font nos pas sur le pavé des vestibules ;

Le passé de nos cœurs est lourd de rêves morts
Et nous voulons savoir si l'urne ne recèle
En l'oubli de ses flancs de suprême parcelle,

Et c'est pourquoi, par les nostalgiques décors,
Nous allons, recherchant parmi les pompes mortes,
Si nul rais de clarté ne filtre sous les portes.

XXIII

Le son du clairon va, vibre et meurt aux échos,
Appel impérieux aux suprêmes victoires,
Et voici que, parmi les blancheurs et les gloires
Des marbres purs et des grands lis pontificaux,

La Guerrière aux yeux clairs d'acier — glaives et faulx —
La Déesse des Jeux et des Luttes notoires
Dont le renom pare les fastes des Histoires
Arrête ici l'essor de ses vols triomphaux !

Et radieuse, avec ses ailes éployées,
Elle jette à deux mains les palmes octroyées
A ceux qui, dans l'émoi du tumulte marin,

Ont guidé sur la Mer sanglante de massacres
L'élan véloce et sûr des galères d'airain
Qui portent à la proue un de ses simulacres.

XXIV

Près de la haute croix qui son ombre projette
Sur les sables déserts des plages où tu meurs,
De tes silences, de ta voix, de tes rumeurs,
O Mer tu berceras les rêves de l'Ascète !

Défends la solitude éternelle et quiète
Où s'est réfugié près de tes flots grondeurs
L'Exilé de la Joie et des Luttes d'ailleurs...
Le couchant éblouit, là-bas, comme une fête,

Et quels éclats de pourpre où se drape la Mort
Doivent tomber sur la Ville de l'autre bord
Où l'air lourd et fleuri suffoque d'aromates,

Et sur le Cirque, blanc des sables de la mer,
Où des Lions, avec des têtes sous leurs pattes,
Rêvent parmi le sang et les lambeaux de chair.

XXV

Et nous vîmes des morts d'étoiles et les phases
Des astres éperdus au ciel bleu des minuits,
Et l'éternel désir qui nous avait induits
A l'amour nous mentir ses promesses d'extases.

La cendre chaude encor recèle les topazes
Qui constellaient les murs de nos palais détruits ;
Les terrasses de fleurs où veillèrent nos nuits
Ont croulé pierre à pierre au fleuve et vers ses vases

Où roule la torpeur d'un lent flot oublieux
Du mirage aboli des astres et des yeux...
Et nul ne saura plus le nom de ces ruines

Lorsque s'envolera d'un séculaire essor
Le vigilant témoin muet des origines,
L'Ibis rose qui rêve entre les roseaux d'or.

ÉPILOGUE

Nous irons vers la vigne éternelle et féconde
En grappes pour y vendanger le Vin d'oubli,
Le soir n'a plus de pourpre et l'aurore a pali
Et la promesse ment aux lèvres du Vieux Monde ;

Nous irons vers la rive où triomphe un décor
D'étangs muets et de sites en somnolence,
Où vers une mer morte un fleuve de silence
Bifurque son delta parmi les sables d'or ;

Toi la vivante et la diseuse de paroles
Tu voulus m'enchaîner aux nœuds des vignes folles,
J'ai brisé le lien de fleurs du bracelet.

Hors le tien, tout amour, ô Mort, est dérisoire
Pour qui sait le pays mystique et violet
Où se dresse vers l'autre azur la Tour d'Ivoire.

ÉPISODES

1888

C'est la même tristesse encore et la même âme
A qui l'aube et le soir ont légué leur frisson,
Le passé qui revit en les choses qui sont,
La marée écumant toujours la même lame,
Et la même âme encore et sa même chanson.

Vieille angoisse abritée au masque d'un sourire,
La même qui pleurait au masque de ses doigts
Et se dresse aujourd'hui plus fière qu'autrefois
Cambrant l'orgueil de sa blessure où l'on voit luire
De clairs rubis de sang comme aux robes des rois.

L'espoir jadis pareil à la chair vive et nue
Bat sous l'étoffe lourde du poids des joyaux
Sa tristesse leurrée au mensonge d'échos
Et s'enivre de voir sur la Terre ingénue
Fleurir des vanités de rêves triomphaux.

PRÉLUDE

A la source des seins impérieux et beaux
J'ai bu le lait divin dont m'a nourri ma Mère
Pour que, plus tard, mon Glaive étrange et solitaire
Ne connût pas la honte aux rouilles des fourreaux ;

A travers la grille d'or torse et les ventaux
D'un casque à qui s'agriffe au cimier la chimère
J'eus une vision vermeille de la Terre
Où les cailloux roulaient sous les pas des Héros ;

Et, fidèle à la gloire antique et présagée,
J'ai marché vers le but ardu d'un apogée
Pour que, divinisé par le culte futur

Des Temps, Signe céleste, au firmament, j'élève,
Parmi les astres clairs qui constellent l'Azur,
Une Etoile à la pointe altière de mon glaive.

PRÉLUDE

Parfums d'algues, calme des soirs, chansons des rames,
Prestige évanoui dont s'éveille l'encor !
Par l'arome des mers roses où nous voguâmes
A la bonne Fortune et vers l'Étoile, ô Mort ;
Echo d'une autre vie où vécurent nos âmes.

Oh mémoire d'alors et de tous les jadis
Où notre rêve aventura ses destinées
Aux hasards des matins, des soirs et des midis,
Et toi mal de savoir que les aubes sont nées
Plus belles, sous des cieux à jamais interdits....

Le songe d'un passé de choses fabuleuses
Propage son regret en notre âme qui dort.....
Souvenir exhalé des ardeurs langoureuses
Qu'une Floride en fleurs épand sous les soirs d'or
Où les clartés des Etoiles sont merveilleuses.

Une mort a fermé nos yeux en quelque soir
D'amour antérieur ou de lutte héroïque,
Et nous sommes tombés aux pièges du manoir,
Et nous avons dormi dans la chambre magique;
Quel philtre a fait ainsi nos prunelles surseoir

Au spectacle éternel des choses éphémères
Dont battit notre cœur timide ou véhément?
Et, dans notre sommeil, veillé par les chimères,
Nous avons gardé tout un éblouissement
De l'époque abolie et des aubes premières.....

Les doux soirs d'autrefois surgissent un à un
Et tournent lentement en une ronde étrange :
Voici la terre antique et le brusque parfum
De la vigne où mûrit la treille de vendange
En l'automne où survit encor l'été défunt;

Les répons alternés des odes et des lyres
Se croisent tour à tour de vergers en vergers
Où la flûte s'essouffle en saccades de rires ;
Et les grappes en sang des raisins saccagés
Masquent de pourpre les impudeurs des délires.

Sang de l'automne aux doigts roses d'avoir cueilli !
Sang aux pointes des seins, sous les lèvres goulues
Et sous les mains par qui leur nudité jaillit !
Dans le bois qu'une chair fleurit de grâces nues
Monte le rire bref du Priape assailli.

Pourtant la vieille Terre est triste où nous vécûmes,
L'écho des grottes est le même, et cette mer
Déferle en mêmes fleurs de perles ses écumes,
Et l'ennui nous a pris de voir en le ciel clair
Tourner les blancs oiseaux qui laissent choir leurs plumes,

Bien qu'aujourd'hui ce temps soit doux, qui fut ailleurs
Nostalgique, lent à s'enfuir, et lourd à vivre
En l'éperdu désir des horizons meilleurs
Et d'autres mers et de pays et d'azur ivre
Et de phares de marbre où guettent les veilleurs !

Et le vent, écho mort des choses séculaires
Et des rêves passés et des aromes bus,
Apporte un bruit lointain de rames, ô galères
Qui fendiez l'inconnu des flots vers d'autres buts
Où vous guidait la foi des aurores stellaires.

Les griffes des caps crispaient leurs ongles mauvais
Pour nous saisir, chercheurs de l'Ile et de l'Etoile ;
Et des hommes couraient, pieds nus, le long des quais,
Pour tirer vainement des flèches dans la voile,
Et jeter contre nous des sorts et des galets.

Oh les doux chants râlés aux gorges des Sirènes,
Et les sanglots d'appel de l'Ariane au dieu
Qui doit venir, porteur du thyrse, et les Fontaines
De Jouvence, en les roses de sang et de feu,
Conviant à les boire les lèvres humaines ;

Le rivage fleuri de lis où l'ombre dort
En un duo dit par les flûtes de l'idylle
Dont l'une chante la Vie et l'autre la Mort ;
Et le heurt de la proue au sable fin de l'île
Parmi des conques d'émail vif où l'ancre mord.

C'est là que je dormis, ivre du sang des treilles,
Ayant cueilli les fruits gardés en les vergers
Par les dragons qui vomissent des vols d'abeilles,
O toi qui vins pour faire honneur aux étrangers
Quêteurs de la Fortune heureuse et des merveilles ;

De la montagne nue aux plaines ou fleurit
Un éternel avril en fragrances de roses.
De l'aurore jusques en l'ombre qui sourit
J'ai suivi le chemin de ton pied que tu poses
Sur le gazon joyeux d'être par toi meurtri ;

Et je te vis venir des neiges virginales
Par qui la cime ardue éblouit le ciel clair,
Rieuse, et qui portais à la main des pétales
De fleurs que tu mordis en regardant la mer,
Où les galères s'ancraient dans les flots étales ;

Je fus l'hôte de tes royaumes interdits ;
Et j'ai dit, à l'éveil, aux hommes d'un autre âge,
Ce chant de siècle mort et d'âme de jadis
Afin qu'il s'enroulât en guirlandes d'hommage
A ta mémoire jusques en les temps maudits.

LES DEUX GRAPPES

Au sommet de la proue où veille un bélier d'or
En spirales dardant le défi de ses cornes
S'évanouirent au vent d'Est les gammes mornes
Dont le Pilote berce un regret qu'il endort;

Les écumes des mers sont des toisons encor
Qu'éparpilla le saut astral des Capricornes.....
Et c'est la vieille vie où s'accoudait aux bornes
Le bucolique rêve en un autre décor;

L'air pastoral évoque un soir où l'on débrouille
L'écheveau d'hyacinthe au bois de la quenouille
Et le thyrse du pampre crispé qui l'étreint,

Car ce joueur, enfant, incisa les écorces
Et fut pâtre, avant de guider au port lointain
La proue où le bélier darde ses cornes torses.

LES DEUX GRAPPES

Le crépuscule est doux, ce soir, parmi les vignes.

Les Vendangeurs brandissent haut leurs thyrses lourds
D'un entrelacs de pampre et de grappes insignes
D'où tombent des grains mûrs sur les tambourins sourds.

Il s'exhale un parfum de la Terre chauffée,
Des vignobles et des chemins et des labours,
Et la brise passagère d'une bouffée

Disperse un rythme d'ode et les hymnes redits
Aux gloires des raisins gonflant comme un trophée
Leur maturité due aux flammes des midis.

Le cortège s'espace en danses capricantes
Par les sentiers où les échos sont assourdis
Vers les marches du Temple aux chapiteaux d'acanthes ;

Et dans la troupe en joie ivre du vin futur,
Les femmes ont livré leurs lèvres de bacchantes
Dont le rire de chair s'ouvre comme un fruit mûr.

Lorsqu'ils auront lavé leurs mains rouges au Fleuve
Et rendu grâce au Dieu par qui luit en l'azur
L'or du soleil propice à la vendange neuve,

Ils iront vers la Ville où le marbre trop plein
Des vasques déborde d'onde où la soif s'abreuve
A la hâtive coupe en valve d'une main ;

Mais aujourd'hui la Ville est en fête et délire,
Et le cortège fou que guide un tambourin
S'avance en un accueil de Trompette et de Lyre ;

Les gueules des lions au mufle bestial
Au lieu d'une eau vulgaire aux auges de porphyre
Crachent un flot pourpré de vin convivial ;

Et, dans un tournoiement cabré de danse agile,
Cette foule, en ce soir d'ivresse jovial,
Heurte et boit, méprisant or et verre fragile,

Le Vin né de le Terre en des coupes d'argile !

*

J'ai cueilli, pour moi seul, ce soir, la Grappe unique.

Et je l'emporte, ayant de la terre aux genoux,
Soigneusement roulée aux plis de ma tunique,
Par le chemin du val où glissent les cailloux,

Vers le sommet du mont où la grotte recèle
Le trésor ignoré des merveilleux bijoux
Dont l'éclat fulgurant dans l'ombre se décèle.

Parmi tous je connais la coupe sans défauts
Dont le métal sonnant de saphyrs se bosselle,
Digne du vin versé dans ses ors triomphaux ;

J'y boirai tout le sang de la grappe cueillie
Comme on mange le bled mystique que la Faulx
Ne fauche pas aux champs de la Terre avilie...

Voici d'ombre et de soir tout site atténué
Dans un effacement de rêve qu'on oublie ;
La Ville en bas redit son cri diminué,

Echo du monde vain que mon mépris déserte,
Clameur d'un peuple en joie à sa danse rué
Et dont vient à mes pieds mourir la voix inerte.

Cependant que tourné vers la Mer qui, tout bas,
Déferle sourdement sur la plage couverte
Des écumes, sueurs des vagues en ébats,

Je convie à fêter l'ivresse des breuvages
Les Oiseaux merveilleux qui voltigent au ras
Des flots jaillis emperlant l'essor des plumages,

Rôdeurs infatigués des Iles et des Mers
Et qui portent au bec des fleurs et des messages
Par delà l'Occident des Océans amers,

Voyageurs jamais las et forts qui sont mes rêves,
Et dont les ailes sont couleur des outremers
Du ciel en ces pays où l'or sable les grèves ;

Voici qu'autour de moi vole et tourne l'essaim ;
Leurs pennes de métal ont des lueurs de glaives
Et j'écrase joyeux la Grappe de raisin,

Tandis qu'au loin la Mer calmée a tu ses râles,
Je lève dans la Nuit et le Silence saint
La coupe, et bois le vin des vendanges lustrales

Où tremblent des reflets de clartés sidérales.

LUX

La torche des glaïeuls s'enflamme aux clairs midis
Qu'un bois d'ombre bleuit par delà le grand Fleuve
Aux bords frôlés de brise, un peu, pour que s'y meuve
En ondes le flot glorieux des blés blondis ;

L'essaim bourdonne en nimbe autour des ruches pleines
Parmi le val où l'herbe abonde de fleurs d'or,
Et dans l'azur fendu d'un sillage d'essor
Des vols d'oiseaux fuyards rament à toutes pennes.

Tout l'éphémère éclat des rives et des ciels
Rayonne en ces midis qui mûrissent les miels,
Et c'est la chute lente et seule d'une plume,

A l'horizon des routes où vont nos pas seuls
Jusqu'à la nuit d'un crépuscule où se consume
Le flamboiement fleuri de pourpre des glaïeuls.

LUX

C'était l'aube d'un jour de gaîtés et de rondes
En la clarté rieuse et rose des matins
Où le Printemps s'échappe à ses exils lointains
Pour d'un rire éveiller le sommeil des vieux mondes ;

C'était l'aube d'un jour de joie et d'allégresse
Dans l'azur rajeuni de l'Orient charmé,
C'était l'effeuillement des couronnes de Mai,
La moisson douce et la vendange sans ivresse,

De simples fleurs que se paraient les chevelures
Et non plus de l'orgueil d'un pampre rougissant,
Ce n'était pas l'orgie équivoque et le sang
Des grappes ni sa pourpre chaude et leurs souillures ;

La fraîcheur nuptiale et claire des rosées
Mouillait seule les doigts et perlait seule aux mains
Des vierges qui passaient, blanches par les chemins
Dans le silence des campagnes reposées.

Il s'en venait parfois sur les brises chargées
De parfums l'éclat pallié d'un rire pur,
Et tout là-bas la mer infinie et d'azur
Prolongeait l'horizon des plaines étagées ;

Le doux vent qui poussait les lames sur les grèves
En lents écroulements d'écume au sable clair
Apportait d'un pays autre de par la Mer
Le vol transmigrateur des Espoirs et des Rêves ;

C'était comme le souffle d'un Dieu qui délivre !
Et l'attrait rayonnant de cette nouveauté
Rajeunissait l'enchantement et la beauté
De la vie et donnait de fous désirs de vivre...

Voici le Temple enguirlandé du seuil au faîte ;
Le marbre blanc scintille et rayonne aux frontons.
Voici la porte ouverte et le parvis. Montons
L'escalier incrusté jonché de fleurs de fête.

Autour du toit un vol de colombes fidèles
Tourne et s'abat épars parmi l'azur profond
Du ciel, et c'est ainsi que viennent et s'en vont
Les heures s'envolant avec un frisson d'ailes ;

En cortège vers l'ombre et l'abri des ramures
Les couples vont rêver leurs rêves préférés,
Et des oiseaux goulus piquent les grains pourprés
Des muscats grappelés et des grenades mûres ;

Le soleil qui ruisselle inonde les porphyres,
Les plaines et les bois et la mer sont de l'or !
Là-bas, dans la forêt massive qui s'endort,
Passe l'appel lointain des Odes et des Rires.

LA GALÈRE

O roses du Jardin et des aubes vaillantes
Que n'avez-vous fléchi les Princesses, ô fleurs,
Et voici les amours et les femmes d'ailleurs
Dont les lèvres aussi comme vous sont sanglantes ;

Le fard teinte le nu des bustes où se tord
La guirlande qu'y nouèrent des mains brutales,
Et c'est le cortège impérieux des Omphales
Pour qui file au rouet le Héros qui s'endort.

Et sous les hauts bocages architectoniques,
Parmi les lis éclos en le Jardin des rois,
Ce sont les Dalilas cachant sous leurs tuniques

D'hyacinthe l'éclair d'acier des ciseaux froids
Et qui vont, graves, emmêlant entre leurs doigts
Le noir trésor des chevelures héroïques.

LA GALÈRE

> ..... des galères d'or belles comme des cygnes
> Stéphane MALLARMÉ.

Parmi la floraison des arbres et des roses
Dont rit le mont gemmé de son glacier vermeil,
Notre âme avait connu le merveilleux éveil
De son enfance pour la nouveauté des choses.

De l'ombre des vallons jusques au sable amer
Et des sites exubérants aux grèves nues
S'épandait la candeur des roses ingénues
Et des caps florescents s'allongeaient dans la Mer.

Terre d'éveils ravis où dort l'écho des rêves
Au fond des bois bordés d'étangs et de jardins...
Des fleuves embaumaient aux lauriers riverains
Leurs ondes claires à baigner le nu des Èves.

Mais voici qu'à l'effort d'un doux vent alizé,
Vers le golfe incurvé calme comme une rade
Vint aborder une galère de parade
Belle d'un appareil naval et pavoisé.

La poupe reflétait ses lettres en exergue
Aux flots battus par les rames à chaque bord,
Et des singes pelés se jetaient des noix d'or
Avec des cris, du haut de la maîtresse vergue ;

Tous les agrès étaient de soie et d'or tissés,
Un semis de croissants de lunes et d'étoiles
Eparses constellait l'écarlate des voiles,
A des hampes, des tendelets étaient dressés...

Les Princesses ayant foulé les blondes grèves
S'en vinrent en cortège à travers les jardins,
Avec des fous, des courtisans, des baladins,
Et des enfants portant des oiseaux et des glaives.

Et, pris d'un grand amour et tout émerveillés
De sentir une honte enfantine en nos âmes
A nous voir si chétifs devant ces belles Dames
Et vêtus de la laine seule des béliers,

A leurs mains maniant des éventails de plumes
Prises à l'aile en feu des oiseaux d'outre-mer,
A leurs pieds qui courbaient les patins d'argent clair,
A leurs chevaux nattés de perles, nous voulûmes,

Emus d'un grand émoi suprême et puéril,
Forts du timide amour qui rêve des revanches,
Nouer les nœuds de guirlandes de roses blanches
Que le sang de nos doigts pourprerait d'un Avril.

Mais aux poignets sertis des Belles souriantes
Tous les liens de fleurs défleurirent leur poids,
Et les Oiseaux qu'au poing portaient les Enfants-Rois
Nous éblouirent d'un vol d'ailes effrayantes ;

Et les Princesses fabuleuses aux yeux doux
Fuirent avec leurs fous et leurs bouffons hilares
Aux Nefs de parade qui larguaient leurs amarres
D'un or fin et tressé comme des cheveux roux.

LE VOLEUR D'ABEILLES

A mon ami Francis Vielé-Griffin.

Nul ne sait si promis à quelque exil farouche,
Héros maudit de son règne déshérité,
D'astre annonciateur d'une nativité
N'a pas brillé jadis sa puérile couche ;

Et la conque où s'éveille aux gammes de sa bouche
Le progressif écho d'une sonorité
Garde au contact de son pur souffle ébruité
Un peu du rose de la lèvre qui la touche.

Il rayonne à son front des vols d'abeilles d'ors.
Au poids de son talon résonnent des trésors
Enfouis en l'horreur de cette solitude

Où sa flèche tua les Oiseaux voyageurs.
Et quand sa vierge chair pour le bain se dénude
L'aube d'un sang royal y montre ses rougeurs.

LE VOLEUR D'ABEILLES

> Tuned to the noon-day whisper of the trees
> A simple flute calls forth the humming bees...
> Francis VIELÉ-GRIFFIN (Ode to Edgard Poe.)

Le poids des grappes a courbé le jet des treilles
Lourdes de soir et d'ambre et de maturité ;
Une rumeur de mer, au loin, berce nos veilles,
Et parmi l'ombre où notre amour s'est abrité
La brise aux feuilles semble un passage d'abeilles.

Les ors divers des blonds soleils et des miels roux
Qui ruissellent de cire aux ruches des collines
Nuancent de leur double éclat tes cheveux doux,
A mon étreinte dénoués, et tu t'inclines
Pour baiser le front las posé sur tes genoux.

Un sourire de toi vaut une autre conquête
Et toute cette joie est lourde et c'est assez...
Un clairon vibre sur la grève, et sa requête
Arrive dans le soir jusqu'à moi qui ne sais
Plus rien de ce vain rêve où leur orgueil s'entête.

Ce lent jour écoulé d'aventure et d'émoi
Relègue en un oubli radieux la mémoire
De tout, hormis l'amour qu'il m'a valu de Toi ;
Et laisse-moi, d'un trait, t'en redire l'histoire
Merveilleuse, la suite et le naïf exploit...

L'attente, et dans la nuit d'étoiles l'aube née
A l'Orient de cette mer où nous voguons
Vers les défis à notre proue éperonnée
Jetés par le Pays de l'or et des Dragons
Vers qui par le hasard notre course est menée,

La terre en fleurs surgie à l'aurore en chemin,
Et la plage déclive et le décor de vignes
Et d'oliviers, et sur le ciel clair du matin
La neige des sommets ondés en lentes lignes,
Et les vallons s'ouvrant pour qu'y fuie un lointain ;

Ce n'était pas le terme encor de l'équipée,
Le Pays fabuleux que devait conquérir
L'héroïque talon nu des porteurs d'épée ;
Le navire pourtant vira pour atterrir
Au sable d'une baie unie et découpée.

Et tandis qu'ils parlaient de victoire et de sang
Et des soirs de massacre en des villes royales,
Assis en rond sur le rivage éblouissant,
J'errais parmi l'éveil des plaines pastorales
Dont les parfums grisaient mon âme de Passant ;

Et j'ai marché vers l'ombre étroite des vallées
Vertes d'herbes et d'onde où dans les roseaux droits
Tremblait la fuite encor de Nymphes détalées,
Et j'ai suivi le long des lisières d'un bois
Le pas de quelque Faune empreint aux fleurs foulées.

L'azur du ciel dormait d'un sommeil ébloui,
Alors qu'une rumeur parvint à mes oreilles,
Et voici que bientôt paraît l'essaim ouï ;
Et le vol bourdonnant d'innombrables abeilles
Gronde et pleut comme une grêle d'or inouï.

Les ruches dressent l'or de paille de leurs cônes
Au centre de la plaine où vibre le millier
Des abeilles vers qui le pas suivi des Faunes
M'a conduit par le bois et le sentier mouillé
(Car ils aiment et dérobent les beaux miels jaunes).

J'ai pris un rayon de miel ainsi qu'un voleur,
Et l'essaim bruissant comme un rêve tragique
Environna ma fuite à ce verger où leur
Colère se tut à l'éveil d'un chant magique
En incantation de lent rythme charmeur.

Et vers toi, ma Joueuse éternelle et frivole,
Qui d'un souffle en la flûte avive le vain jeu
Des gammes, fol essor qui vers l'écho s'envole,
Je t'apparus parmi la candeur du ciel bleu
Et nimbé d'un bruit d'abeilles en auréole ;

Et, pour cette rencontre et ce rapt enfantin
D'abeilles et ton sourire d'enorgueillie,
Mon âme qui voguait vers un autre destin
Abdique au doux servage où ta natte la lie...
Et la Trompe d'appel au ras des mers s'éteint.

ARIANE

Aux grèves de soleil où s'effacent les pas
Comme la vanité de notre ombre éphémère,
Se sont moulés les seins aigus de la Chimère
Qui dormit sur le sable en quelque midi las.

La mer bourdonne sourde, à dire des abeilles
Ivres de l'or des algues rousses, et l'éclat
Du ciel de pourpre où le sang d'un soir ruissela
Évoque d'autres soirs aux vendanges de treilles.

L'ombre mystérieuse a redit aux échos
Les tambourins rythmant les rites triomphaux
Du Dieu qui porte un thyrse où se tordent des vignes ;

Et, dans le ciel d'été, pâle Ariane, luit,
Parmi la foule des étoiles et des signes,
Ta couronne apparue un astre dans la Nuit.

ARIANE

La proue impétueuse à l'horizon des mers
N'a pas fendu les flots dont l'écume est la flore
Éclose aux renouveaux de leurs éveils amers.

Le conquérant venu du pays de l'Aurore
N'a pas quitté la rive natale où grandit
L'héroïque rumeur de son renom sonore ;

Et, sur la proue aventureuse où se roidit
De révolte le buste nu de la Sirène,
Le bouclier n'a pas encore resplendi

Qui porte en sa rondeur rousse de lune pleine
L'image incise en l'or d'un Bacchus triomphant
Sur le char attelé d'un tigre qui le traîne,

Ce dieu viril, aux yeux de femme, aux chairs d'enfant,
Qui secoue en ses mains, hochet de son délire,
Un thyrse lourd de pampre où le raisin mûr pend,

Blond vainqueur dont le cri de guerre n'est qu'un rire
Et qui détourne au soir sa route sur les flots
Vers l'Ile rencontrée où la plainte l'attire

De la voix qui sanglote aux grèves de Naxos.

★

Les ailes d'un oiseau de mer qui vole et plane
Font choir une ombre double aux plages de soleil
Où mon ennui s'accoude en poses d'Ariane.

De l'aurore à midi sidéral et vermeil,
Jusqu'au soir violet où s'allume l'étoile
De chaque nuit plus douloureuse à son réveil,

Au creux des sables fins comme un linceul de toile,
S'est moulé mon ennui las de l'attente où rit
Un mensonge d'oiseaux longtemps crus une voile ;

Et d'éternels avrils d'écumes ont fleuri
Sur les glauques sillons des vagues éternelles,
Que le soc d'une proue encor jamais n'ouvrit ;

Et, las de cette mer et du leurre des ailes
Aux horizons lointains et nus des ciels d'azur,
Et du déferlement des lames parallèles

Dont le flux de marée efface et comble sur
La grève mon empreinte vide, je ramasse
Une conque en spirales torses d'émail dur

Où je souffle un appel à quelque Dieu qui passe.

LE VERGER

A mon ami Philibert Delorme.

Le matinal espoir des jours que j'innovais
Fut la promesse de tes lèvres d'Ingénue
Et d'avoir pour mon front tressé la bienvenue
Des guirlandes où rit la floraison des Mais.

L'Eté m'a ramené vers l'ombre où tu dormais,
Dormeuse de la sieste éblouissante et nue ;
Ne m'as-tu pas guidé vers la mort inconnue
Toi qui parles aux soirs de l'Automne mauvais ?

Et toutes Trois n'étiez-vous pas l'amour unique,
Mystérieuses Sœurs du Verger symbolique
Où veillaient votre attente et votre trinité ?

Et chacune de vous, tour à tour, eut mon âme
Avec sa lassitude et sa naïveté,
Et j'ai chanté vers vous ce triple Epithalame.

LE VERGER

Je vis de la fenêtre ouverte sur le Rêve,
Au cadre fabuleux d'un vieux site écarté,
Un verger merveilleux de rosée et de sève
Apparaître à travers l'aurorale clarté
De l'heure où l'aube naît dans la nuit qui s'achève.

L'éveil d'un jour d'azur en un décor d'avril
Chantait parmi la joie étrange des feuillées ;
La pelouse propice aux siestes sans péril
Allongeait ses tapis de verdures mouillées
Pour l'agenouillement d'un aveu puéril.

Le doux vent bruissait dans l'entrelacs des branches
Et courbait l'herbe folle et glauque des gazons,
Et des arbres se détachait en avalanches
Le trésor libéral des neuves floraisons
Rouges ou pâlement roses ou toutes blanches.

Dans le charme de l'heure, au centre du verger
Frissonnant d'un émoi de plumes et de brises
Éparses en les fleurs dociles à neiger,
Près d'une source Trois Femmes étaient assises
Oyant le flot parler d'un gai rire léger ;

Et la Première était gracile et toute ceinte
D'une robe pudique à plis multipliés,
L'Autre en sa nudité conviait à l'étreinte
Sans défense des bras sous son col repliés,
Et la Troisième avait la robe d'hyacinthe ;

De ses genoux, parmi le reflet violet
Des étoffes, choyaient des grappes d'asphodèles
En l'herbe où la Dormeuse impudique étalait
La floraison aux seins de deux roses jumelles ;
La plus jeune tressait des fleurs en chapelet ;

Ses cheveux étaient blonds à tromper les abeilles ;
Et celle qui dormait épandait à grands flots
Toute sa chevelure, Or, où tu t'appareilles !
L'autre évoquait la nuit où les astres sont clos
Par ses bandeaux obscurs qui couvraient ses oreilles.

Et toutes trois semblaient, depuis l'éternité
Des siècles, être là pour guetter la venue,
En ce verger floral de l'Avril visité,
De Celui qui viendrait d'une terre inconnue
Vers leur divine et leur fatale trinité.

Il vint, par le chemin du côté de l'Aurore,
Des vieux Edens perdus vers le monde ignoré,
En ce Verger de source et d'arbustes sonore,
Éphèbe épris d'amour, vaguement timoré
De son exil parmi les routes qu'il ignore.

Vers celle qui tressait des fleurs entre ses doigts,
Vers la timide, la pudique, la gracile
Dont les cheveux flottaient sur la robe à plis droits,
Il vint, et son aveu frivole et juvénile
Salua des genoux l'Élue entre les trois :

— Moi qui viens de l'Aurore et qui marche vers l'Ombre
De par le sort impérieux qui m'asservit,
Sois ma Compagne de la Vie à la Mort sombre. —
La Vierge se leva soudain et le suivit
Pour l'avoir attendu depuis des jours sans nombre.

★

L'épanouissement des sèves estivales
Éclate maintenant en feuillage divers;
Un vent, sur des eaux mortes, intactes et pâles,
Ainsi que las d'avoir erré, monte au travers
Du perplexe repos des verdures rivales.

Le Verger s'engourdit mystérieux et dort
Sous le poids du soleil, de l'heure et du silence,
Et d'entre les rameaux que ne meut nul essor
D'ailes et que pas une brise ne balance,
Dardent de grands rayons comme des glaives d'or.

Par l'air une senteur vaguement flotte et rôde :
Moiteur de seins, sommeil de chair, afflux de sangs,
Tous les parfums sués par la terre âpre et chaude,
Et sur les larges fleurs grasses de sucs puissants
Bourdonne un or vibrant d'abeilles en maraude.

Parmi l'herbe éclatante et qu'elle éclipse, fleur
De ce royal Été promis par les Aurores
Où le Verger germa sa récente pâleur,
Émue au renouveau des ailes et des flores,
La Divine s'étire en la pleine chaleur.

Et, dédaignant l'aide factice d'aromates,
Par la seule beauté de son corps attirant,
Par l'or de ses cheveux et l'éclat des chairs mates
Prête à vaincre d'Elle le juvénile Errant,
Elle sommeille sur des roses incarnates,

Sachant qu'il reviendra vers le site béni
D'où parmi la splendeur d'une aurore natale,
Se leva doucement, du groupe réuni
Sous les fleurs qui tombaient en neige, la plus Pâle,
Celle pour qui son prime amour fut infini ;

Car ce rêve d'enfant de choisir le sourire
Virginal et ce songe d'amour qui, naïf,
Veut pour toute la Vie, et de toutes, élire
Une reine à son culte idolâtre et votif,
Se dissipe aux midis de chair et de délire ;

Et, dans le chaud verger où les abeilles vont
Déchirant l'air chargé de parfums et d'attente,
Le Ravisseur joyeux, d'entre les arbres, fond
D'un élan ébloui jusqu'à la chair tentante
Qu'il emporte rieur vers le fourré profond ;

Et comme un cri jeté de rapt et la victoire
D'un instinct sur sa proie impunément rué,
Vibre le rire triomphal et péremptoire
Aux échos successifs longtemps perpétué
Pour se perdre dans l'air sonore et sans mémoire...

★

Le double pas marqué sur l'herbe du matin
N'indique plus la trace où pesa leur foulure ;
Le rire glorieux dans l'écho s'est éteint :
O tout l'évanoui de cette chevelure !
O le premier aveu du Passant enfantin !

Au ciel d'or vespéral strié du sang d'un astre
Agonisant sa mort à la face du soir,
Quel amour en péril va rire son désastre ?
La source froide et lisse est comme un marbre noir
De sépulcre parmi le gazon qui l'encastre....

Le ciel qui fut d'un ocre triste est violet,
Foyer mort et marais de cendres et de fange
Qu'éparpille au passer l'aile d'un vent muet,
Et le verger d'ombre équivoque en l'heure étrange
S'alourdit d'un parfum de fièvre et de fruit blet ;

Et la Femme aux grands yeux d'attentes aux nuits vagues,
Droite en sa robe d'hyacinthe à joyaux clairs,
A décroisé ses mains où luit un feu de bagues,
Et d'un lent geste s'est là-bas tournée et vers
Le sentier blanc jusqu'où l'herbe déferle en vagues,

Et par où va venir celui qui reviendra,
Et, levée, elle dit lentement à voix basse :
— Suis-je pas le baiser dont sa lèvre voudra,
Moi la seule tentation de la chair lasse,
Pêche miraculeuse aux aigreurs de cédrat ?

Ma chair s'est préservée au tissu des tuniques
Du contact insulteur des vents et du soleil
Qui rougit le corps des dormeuses impudiques,
Et ne s'avive pas de la nuque à l'orteil
Du fard éblouissant des incarnats cyniques ;

Et, mes voiles tombés à mon seuil nuptial,
Je ne tenterai pas la défense qu'invente
La Vierge et j'offrirai mon corps impartial
Dans la sécurité de la Femme savante,
Sereine à tout jamais d'avoir su tout le mal ;

J'ai vu le renouveau des saisons éphémères,
Et le mensonge bleu menti par les Azurs ;
J'ai l'amour de l'épouse et la pitié des mères
Pour ceux qui, dans la nuit où tombent les fruits mûrs,
Guettent le vaste vol aveugle des chimères ;

Reçois le don mystérieux et le trésor
D'oubli que t'ont gardé mes lèvres hypocrites,
Et je serai ton guide aux fêtes de la Mort
Où tu prendras le feu des bûchers et des rites
Pour la gloire et l'éclat d'un lever d'astre d'or ;

Et vienne maintenant le doux Passant du site
Matinal, l'Ingénu de ce verger d'alors,
Le Charmeur oublieux de la Vierge tacite,
Le Ravisseur qui rit l'exploit de ses bras forts
Vers mon amour et sa suprême réussite ! —

LES MAINS

L'appareil varié des riches artifices,
Etoffes, fards, bijoux, sourires, tu les as !
Mais les robes sont d'un tel poids à ton corps las
Qu'elles glissent au nu de tes épaules lisses :

Comme un couchant de flamme au froid des horizons
Transfigurant la plaine où gisent les scories,
Le fard posé ravive à tes lèvres meurtries
Le jeu de leur sourire et de tes pâmoisons :

Et l'étoile de diamants aux pendeloques
De tes oreilles a, sur tes nuits équivoques,
Lui comme sur mes soirs de mal les astres vrais ;

Et cette lassitude égale nous convie
A joindre nos destins douloureux et navrés...
Vous qui savez si bien les hontes de la Vie.

LES MAINS BELLES ET JUSTES

Attestant la blancheur native des chairs mates,
Les mains, les douces mains qui n'ont jamais filé,
Hors des manches sortaient le blanc charme annelé
De bagues, de leurs doigts, tresseurs de longues nattes.

O Mains, vous cueillerez au bord des fleuves calmes
Les grands lis de la rive et les roseaux du bord,
Et sur le mont voisin vous choisirez encor
La paix des oliviers et la gloire des palmes ;

O Mains, vous puiserez à la berge des fleuves
Pour laver sur les fronts l'originel méfait
Le trésor baptismal de l'eau sainte qui fait
S'agenouiller le lin pieux des robes neuves;

O Mains de chair suave où la lenteur des gestes
Fait descendre le sang au bout des doigts rosés,
Vous ferez sur les fronts las où vous vous posez
Neiger le bon repos de vos fraîcheurs célestes !

Et les Poètes, ceints de pourpres écarlates
Où saigne avec le soir leur songe mutilé,
Vous baiseront, ô Mains, pour n'avoir pas filé
Le lin des vils labeurs et des tâches ingrates ;

Car aux lèvres l'émail des carmins efficaces
Avive leur contour sinueux et fardé,
Et la bouche de la Femme n'a rien gardé
De sa fraîcheur de chair rose de sangs vivaces ;

Et les yeux ont requis le bistre des cernures
Et la joue a rougi d'un factice incarnat,
Et des feux de saphyrs qu'une main égrena
Scintillent en l'amas fauve des chevelures ;

Et les doux seins, appas impérieux des lèvres,
Première puberté des torses ingénus,
Cachent frileusement leurs charmes advenus
Sous les joyaux trop lourds que vendent les orfèvres ;

Et le ventre poli qui s'étoile d'un signe,
Où frise le secret des laines de toisons,
Les hanches et les seins bombent sous les prisons
Des tissus palpitants dont le rêve s'indigne ;

Les robes d'or rigide ou remuant d'écailles,
La soie aux plis nombreux, variés et chantants,
Et l'émail éraillé des satins miroitants
Et la moire ridée en ondes et les failles

Qui façonnent la grâce étrange et plus hautaine
Imposent au Désir leur stérile roideur
Et d'un mensonge encore irritant son ardeur,
Voilent des nudités qui la feraient sereine.

Et, seules, attestant la blancheur des chairs mates,
Les seules mains, les mains qui n'ont jamais filé,
Sortent mystiquement le blanc charme annelé
De bagues de leurs doigts, tresseurs des longues nattes.

Mains douces! qui cueillez sur la berge des fleuves
Les grands lis de la rive et les roseaux du bord,
Et simples qui puisez le baptismal trésor
Plus limpide que tout le lin des robes neuves,

Mains justes! arrachez le voile qui dérobe
A nos yeux le secret des purs nus triomphaux,
Dénouez la ceinture et brisez les joyaux,
Déchirez la tunique et lacérez la robe

Et dans le bain sacré des ondes baptismales,
Lavez les fards impurs dont se fardent les chairs,
Et que le Fleuve chaste emporte en ses flots clairs
Tout l'incarnat dissous des roseurs anormales.

SPONSALIA

Dès la fauve clarté d'un midi nuptial,
Vers les parvis jonchés éclate un chant de fête
Sacrant l'avènement du jour initial
Où meurt tout un passé sur qui la nuit s'est faite.

Les hymnes triomphaux redits à pleine gorge
Se taisent et le soir qui saigne aux horizons
S'attriste du sanglot d'un rêve qu'on égorge,
Holocauste dernier aux vaines déraisons.

La Noce foule et fane en la route bénie
Les fleurs d'un autre Avril qui fut une autre Vie
Morte à jamais avec ses affres ou sa joie;

Et sur l'Escalier où le cortège se range,
D'un geste langoureux la Fiancée octroie
Sa main à l'anneau, lourd de quelque pierre étrange.

SPONSALIA

Sur la fête d'un soir d'aromates et d'Anges
Porteurs de glaives d'or et de robes étranges
Qui flottent sur le ciel étoilant leurs lents plis
Mouillés par la rosée abondante des lis
Par qui s'embaume le silence des vallées,
Souffle l'aile d'un vol de plumes étalées...

Ce songe d'âme triste et lasse de la chair
Des corps charmants et des lèvres, par qui l'éclair
Ingénu du baiser propage ses délices,
Et de l'adieu fatal des blondes Bérénices
Dont les charmes sont les sourires enfantins
Et leurs parures de joyaux et leurs yeux teints
Du fard de quelque mode invincible et barbare
Mais dont toujours la Loi cruelle nous sépare !

Ce songe d'une Fête vague dans un soir
Empli d'ailes mouvant des parfums d'encensoir
Et d'Anges blancs, porteurs de palmes et d'épées,
Droits en l'étoilement de leurs robes drapées,
En ce cri d'Hosannah s'achève pour jamais...

L'écho vibre de tes paroles et tu mets
Entre mes mains tes mains à qui nul ne résiste
Pour qu'à tes doigts l'anneau d'argent où l'améthyste
Enchâsse son éclat vespéral et fané
Atteste l'éternel amour qui s'est donné
A toi, l'Elue, en ce rite d'Epithalame,
A toi qui veux de mon amour et sais mon âme
Et crois à ce serment qui pleure à tes genoux,
Epris de l'or mystérieux des bandeaux roux
De ton front parfumé d'un miel de chevelure
Où l'arome des fleurs se mêle à la brûlure
Des blonds soleils sombrés au delà de la Mer,
Et de ta bouche lasse encor d'un sort amer
Dont l'emblème à tes pieds séjourne avec ton ombre....
O soir à quel Destin ta fête nous dénombre!
Les myrtes nuptiaux ont jonché les parvis
Et l'ostensoir s'allume en diamants ravis
Aux trésors déterrés des Grottes prismatiques,

Et sur le haut vitrail planent les vols mystiques,
Courbant les lis frôlés du nu de leurs talons,
Des Anges vêtus d'or, porteurs de glaives longs
Au pommeau rehaussé par des perles bossues
Et de robes qu'un ciel d'Etoiles, aperçues
En leurs scintillements de clartés et d'exils
Et leurs gouttes de feux palpitants et subtils,
Par les trous dont le Temps a criblé les verrières,
Constelle de points d'or et pique de lumières.

LA VAINE VENDANGE

Ils ont filé la laine blanche à vos genoux,
Indolents et charmés de leur tâche d'esclave,
Et, sous vos yeux railleurs dont le défi les brave,
Ils ont courbé la tête et se sont faits plus doux.

Leurs armures gisaient dans l'herbe haute, et Vous,
Comme par jeu, d'un rire ironique et suave,
Fîtes sonner l'écho de la trompette cave,
Et le casque essayé couvrit vos cheveux roux.

Et les Héros, riant de cette espièglerie,
Ignorent que leur chair imprudente et meurtrie
Doit saigner aux sabots de leurs chevaux cabrés ;

Que d'une main tirant vos glaives de Tueuses
De l'autre, pour les éblouir, vous dénouerez
L'or épars de vos chevelures somptueuses.

LA VAINE VENDANGE

Un sang miraculeux saigne dans les calices
D'où déborde en caillots la pourpre des rubis,
Et voici s'allumer aux soirs des sacrifices
Les cierges, blancs comme la toison des brebis.

Du trésor opulent des laines de la tonte
Nous avons façonné par le soin de nos mains
Des ceintures d'opprobre et des robes de honte
Que nos Epouses traînèrent par les chemins.

Leurs lèvres où s'ouvrait la rose des sourires
Ont fleuri leurs parfums pour d'autres que pour nous,
Et les doigts enhardis et velus des Satyres
Ont manié le poids de leurs cheveux d'or roux ;

Chevelures blondes et fauves d'auréole
Où nous voulions l'éclat des étranges joyaux,
Trophée étrange et prix d'une gloire frivole
Qui chargent le retour opime des Héros !...

L'Ile où nous a menés le vol dompté des Cygnes
Traînant la conque d'or sur des mers de saphyr,
Vers la maturité des vergers et des vignes
Sur qui de grands couchants d'Automne vont mourir,

Le jus des fruits sacrés et le pur vin des grappes
Dont s'exalte une ivresse aux cerveaux avinés,
Ont trompé notre soif au soir de nos étapes
Que brûlèrent les feux des soleils déclinés ;

Vendange de la Gloire insipide et cruelle
Du sang saigne au calice et déborde, rubis !
Et dans le soir la flamme pâle s'échevèle
Des cierges, blancs comme la laine des brebis.

LE JARDIN D'ARMIDE

Les heures, fol essaim, sont mortes, une à une,
Comme les fleurs, comme les jours, comme les rêves,
Et le reflux du Temps a dénudé les grèves,
Et le vent a chassé les sables de la dune.

La poussière des soirs s'envole en l'ombre avide
De cette vanité qu'un souffle épars emporte,
Cendre amère du fruit maudit d'une mer morte
Où gît la Cité d'or mystérieuse et vide.

Le Rouet a filé la laine des vains songes,
Le métier a tissé l'étoffe que tu ronges,
O Temps, nul n'a vêtu la robe qui s'effile ;

Et le glaive, tenu d'un geste de statue
Par l'Archange, a marqué de son ombre inutile
Le cercle lent où l'heure implacable évolue.

LE JARDIN D'ARMIDE

Blanche comme les lis des Jardins endormis,
Et l'éveil ingénu des âmes, ô l'Aurore
Neigera-t-elle encore au pavé des parvis
Où sommeille un écho dans le marbre sonore ?

Les gardiens puérils chaussés de patins d'or,
Vêtus du lin filé par les vierges assises,
A l'aube de ce jour ouvriront-ils encor
La porte merveilleuse et les serrures mises ?

Pour que, des colombiers et des lacs de cristal,
Les cygnes blancs et les colombes des prairies
S'en viennent, vol éblouissant, à ce signal,
Sur les marches manger l'orge de pierreries ?

Et pour avoir dormi sur la Terre et mordu
Aux mensonges des fruits du Jardin de l'Armide
N'est-il plus de retour vers le Temple perdu
Où le doux sang s'écaille en le calice vide ?

Comme les pénitents et les purifiés
Mon repentir voudrait saigner son agonie,
Et tordre un hosannah de bras crucifiés,
Supplicateur de l'Eternelle Epiphanie !

Custode du trésor mystique et crucial,
Porteur du glaive étincelant et de la lance,
Gardien du Temple adamantin et du Graal
Et du calice clair où dort toute excellence,

Chevalier de l'armure chaste et paladin,
Hôte des pèlerins du sanctuaire étrange,
Roi par la rose symbolique du Jardin
Que garde le défi du glaive de l'Archange,

J'ai quitté la montagne et le précieux Sang
Et j'ai lavé ma honte en l'eau du baptistère,
Et j'ai pris la route d'opprobre qui descend
Vers la défaite et vers le Péché de la Terre ;

Les paumes de mes mains ointes pour l'hosannah
Et le geste par qui se hausse le calice
Se souillèrent à cueillir des fleurs que fana
L'aurore malveillante du mauvais délice ;

Le philtre de l'Armide à mes lèvres rougit,
Et mon éveil fut langoureux de cette étreinte,
Et la blessure avide à mon flanc s'élargit,
Et mon sang marque les détours du labyrinthe ;

La rosée a rouillé mon épée, une main
A délacé l'armure et ses mailles rompues,
Le vent vibre comme le rire du Malin
En mon casque où s'éploie un vol d'ailes griffues ;

Et parmi les lis morts des Jardins endormis,
Comme le sourire d'une morte, ô l'aurore
M'apporte un vain écho des fêtes du parvis
Où chantent des doigts d'Ange en la harpe sonore.

PAROLES DANS LA NUIT

La Terre douloureuse a bu le sang des Rêves !
Le vol évanoui des ailes a passé,
Et le flux de la Mer a, ce soir, effacé
Le mystère des pas sur le sable des grèves.

Au delta débordant son onde de massacre
Pierre à pierre ont croulé le temple et la cité,
Et sous le flot rayonne un éclair irrité
D'or barbare frisant au front d'un simulacre.

Vers la forêt néfaste vibre un cri de mort ;
Dans l'ombre où son passage a hurlé gronde encor
La disparition d'une horde farouche ;

Et le masque muet du Sphinx où nul n'explique
L'énigme qui crispait la ligne de sa bouche
Rit dans la pourpre en sang de ce coucher tragique.

PAROLES DANS LA NUIT

Le Sphinx, face de pierre et d'ombre, m'a parlé.

Au temps antérieur des fauves barbaries
J'ai gardé le pont où passait le défilé
Des caravanes d'or et des cavaleries ;

Accroupi sur le socle où s'incrustait le poids
De mes griffes, lasses du bris des pierreries
Qu'elles broyaient jadis en la crypte des Rois,

Gardien mystérieux du fleuve et du passage,
Jetteur de sort néfaste et de mauvais aloi,
Mon vigilant aguet veilla son esclavage.

Si des femmes venaient, rires aux lèvres, chœurs
Enguirlandés, chantant l'étape du voyage
Vers les horizons blancs de ramiers migrateurs,

Ou sur le front portant l'amphore en équilibre,
Ou la corbeille de raisins parmi les fleurs
Attirant le vol clair d'une abeille qui vibre,

Un miracle inouï gonflait d'un flux de lait
Mes seins lourds et tendus à toute bouche, libre
D'y boire le trésor débordant qui perlait ;

Et nulle n'a jamais pris garde à mon aumône,
Nulle n'a rien humé de ce double filet
De dictame jailli que ma mamelle donne !

Le fouet de ma queue a cinglé mon flanc arqué,
Dans l'ombre où j'ai hurlé ma rage de lionne
Seules des réponses d'échos m'ont répliqué ;

Des siècles j'ai glapi mon mal et ma rancune ;
Le granit rose de mes lèvres a craqué
Sous les caresses glaciales de la lune.

Puis vint l'époque de désastres et de mort
Le temps de désarrois et d'adverse fortune
Où la déroute hurle aux clairons qu'elle mord.

L'effarement cabré des étalons sans brides
Traînant les coffres pleins où sonne le trésor
Des rois rués de peur à des fuites livides,

Dressé jusqu'au niveau de mon front l'a couvert
D'écumes et de sang jailli d'entre les vides
De la foule dont leurs sabots broyaient la chair.

Cette rosée a fait mes deux lèvres plus roses
Où riait le méchant rire cruel et clair
De tout l'ennui bâillé dans mes gardes moroses ;

Et la poussière humaine a terni l'émail dur
De mes yeux qui scrutaient le spectacle des choses
Miré dans la clarté calme de leur azur.

Et le vieux pont tendu de l'une à l'autre rive,
Ainsi qu'une guirlande où pend un fruit trop mûr,
Se rompit sous le poids de la tourbe hâtive ;

Mon simulacre chu s'enfouit dans l'oubli
Des sables où ma croupe émergeante et massive
Coupait le flot perpétuel qui la polit.

Mais, ce soir, un caprice étrange de cette onde,
Abandonnant la place vide où fut son lit,
Exhuma mon bloc, vestige d'un autre monde ;

Et je t'ai rencontré, face à face, ô Rêveur
Parmi l'ombre accroupi sur la grève inféconde,
Et dans tes yeux j'ai reconnu la même horreur

D'un désespoir sacré présumant une histoire
Pareille au vain passé vague qui fut le mien,
Et je t'ai salué, frère, dans la nuit noire

Que blanchit le retour de l'aurore qui vient.

LA GROTTE

Cette heure de sieste lasse s'alourdit
Du Rêve évanoui de quelque vie éteinte,
Décor vague dans l'eau qui dort mirant sa feinte
De paysage inverse au fleuve de midi.

Il flotte un vieil aveu que mon amour a dit,
Emoi perpétué de quelque folle crainte...
Au lointain d'un passé se cambre à mon étreinte
L'offre pour mon désir d'un torse nu roidi.

Mais ma bouche n'a plus de lèvres pour redire
Les mots dont ma parole a leurré le sourire
De la Naïveté qui croyait à ma Foi ;

Mes bras ne savent plus l'enlacement qui noue,
Et mon sang a coulé par le cruel exploit
Du Sagittaire astral dont la flèche me troue.

LA GROTTE

Elle

Je t'apparus au seuil en larmes de la Grotte
Merveilleuse où pendaient en gemmes de cristal
Les pleurs adamantins que la pierre sanglote.

L'écho mystérieux du vieil antre natal
Répercuta l'appel de la trompe marine
Que tu sonnas à pleine bouche, ô blond Héros
D'une aventure fabuleuse, au ras des flots
En rumeur sous la proue heureuse qui domine
Le blanc tumulte des écumes de la Mer

Déferlante jusques au sable de la grève
Où je vins ignorant le péril inconnu
De te voir autrement qu'au vague de mon rêve...
Un brusque souffle ouvrit ma robe; et mon sein nu,
Divulgué par le seul hasard d'une surprise,
Et l'or de mes cheveux que dénoua la brise
Eblouirent tes yeux d'une apparition,
Et mon corps a tordu sa révolte inutile
Entre tes bras dompteurs de la rébellion
Où se roidit ma chair de Vierge... mais nubile
Avait rêvé de toi mon songe inconscient,
Et tu vainquis mon doux reproche souriant.

Depuis, quelque anse calme et sûre fut l'asile
Où ton navire désœuvré cargua l'essor
De ses voiles ayant des frissons d'envergures,
Peintes de monstres et d'effrayantes figures
Qui semblent rire quand grince le câble d'or.

La maternelle mer a tant bercé nos veilles,
La torche vespérale allumé de merveilles
A la voûte incrustée et riche de joyaux
De la grotte où dormit notre amour qui s'enlace
Au lit de sable où se marqua la double place
Qu'y creusa le poids las de nos sommes jumeaux !

Ce soir, la mer gémit la plainte de ses vagues
Et, présages, le feu de la torche s'éteint,
Et j'ai perdu ta bouche et ton doux corps étreint,
Et je vais donnant à la nuit des baisers vagues
Et murmurant tout bas des paroles d'amour
Auxquelles seul l'écho parmi l'ombre réplique.

Lui

Tout ce passé n'est plus déjà qu'un songe lourd,
Le vain halo d'une mémoire nostalgique,
Une heure vaine comme les autres, hélas !
O compagne de ce jadis, cette heure est morte,
Et ces mots d'autrefois que tu redis tout bas
Le seul écho qui te répond me les apporte ;
Et cet adieu me fut cruel d'être un sanglot
Qui meurt parmi le vent qui gonfle enfin ma voile
Dont la chimère peinte éploie un vol nouveau
Vers quelque Nuit mystérieuse qui s'étoile.

JOUVENCE

Nous voguions sur des mers de nuit et de colères,
Loin de la Terre et de l'Eternelle Saison
Où l'or de tes cheveux fut la seule moisson,
Loin des Jardins fleuris et des Jouvences claires ;

L'évanouissement de rives et de choses
Douces et mortes et plus lointaines toujours
Nous fit pleurer tous deux, et des arômes lourds
Parfumaient notre exil de mémoires de roses ;

L'enfantin Paradis qu'un caprice dévaste,
Du mauvais sortilège et de l'ombre néfaste,
Filet mystérieux où trébucha ma foi,

Surgit comme au lever des aurores premières,
Et revoici, telles qu'alors, toutes pour Toi,
Guirlande à la fontaine et torsades trémières !

JOUVENCE

De la mer propagée en lueurs de miroir
A l'horizon surgit en courbure de dôme
Un ciel d'azur profond et doux comme l'espoir.

Un vent marin chargé d'effluves que l'arôme
Des algues satura de parfums inconnus
Souffle sur les Jardins de l'étrange royaume

Où la pose hiératique des Dieux nus
Tressaille sous le poids des offrandes dont s'orne
Le marbre enguirlandé des torses ingénus,

Quand l'appel guttural henni par la Licorne
Frappant du pied le sol où réside un trésor
Vibre aux pointes des caps aigus comme sa corne.

La faulx des vagues ouvre et creuse aux sables d'or
Le croissant incurvé des golfes où s'abrite
Un blanc vol migrateur du Ponant ou du Nord.

Vers le palais d'onyx pavé de malachite,
De la Mer au parvis s'étage le frisson
Des arbres où l'encens annonce quelque rite

Célébré par le chœur des beaux couples qui vont
Epars dans les massifs de myrtes et de roses
Pour y cueillir la gerbe et l'unique moisson.

Mais le décor paré pour les apothéoses
De l'amour fut sali des fraudes de la chair
Savante et déviée à des métamorphoses.

Au signe de ce vent qui souffla de la mer
Survint la nuit victorieuse des prestiges
Evanouis avec le jour et l'azur clair.

La fête et son tumulte ont laissé pour vestiges
Le désastre des lis brutalement brisés
Et que pleure la sève aux cassures des tiges ;

Le soleil saigne aux Occidents stigmatisés
Elargissant sa plaie en la pourpre des nues
Qu'attisent les pointes de glaives aiguisés ;

Et, chauds encor d'un vautrement de femmes nues,
Les Sphinx muets crispant leurs ongles acérés
Ont repris leur lent songe au fond des avenues.

De l'escalier ruisselle au marbre des degrés
L'égouttement du vin du crime et de la honte
Où se noya l'orgueil des Rêves massacrés...

Le Pays fabuleux évoqué par le conte
Que le songe du Temps narre à l'Age futur,
S'endort à tout jamais d'un lourd silence où monte

Le bruit des gouttes d'eau que filtre l'antre obscur
Au bassin d'où jaillit le flot de la fontaine
Par qui la lèvre d'avoir bu rit à l'azur.

Mais ton onde leur fut à tous mauvaise et vaine
Et leur soif, ô Jouvence, a souillé ton cristal
Du souffle d'une bouche érotique et malsaine.

Le rajeunissement du breuvage fatal
Les rua vers la chair et vers l'amour immonde,
Et les voici voués aux renouveaux du mal ;

Et toute la douleur éparse par le monde
A repoussé pour eux ses rameaux et ses fruits
D'arbre miraculeux que nul ange n'émonde.

Et, dès lors, jusqu'à l'heure atroce des minuits,
Des couples, cœurs en sang et percés des sept-glaives,
Sanglotent, au déclin venu des jours enfuis,

Le cri des deuils d'amour errant au soir des grèves !

★

Ce soir de châtiment nous fut un soir de grâce
Et dans l'impur Jardin qui vers la mer descend
Notre rêve s'attarde aux fleurs de la terrasse.

Nous avons bu le flot fatidique et puissant
Où la sénilité des âges se ravive
Pour le vierge baiser de celle qui consent.

Le miracle de l'eau rajeunissante et vive
Suscite de l'oubli les mots des vieux aveux
Pour toi, ma Fiancée éternelle et votive,

Rêvée aux nuits d'été des Océans houleux
Où mon âme voguait vers d'étranges Florides
Pleines de fleurs ayant l'odeur de tes cheveux...

Serre en tes douces mains les miennes qui sont vides,
Mes deux mains de rameur qui n'a su conquérir
L'or des pommes miraculeuses d'Hespérides !

Explorateur des mers de pourpre et de saphyr,
Je suis las de la route et de cette aventure
Du blanc Septentrion jusqu'aux côtes d'Ophyr ;

Les vents mystérieux chantant dans la voilure
Ont raillé mon orgueil et mes deux bras roidis
Contre un courant marin déviant mon allure ;

Les Equinoxes ont bercé mes chauds midis,
Les vagues ont gercé de sel et d'amertume
Mes lèvres à l'abord des golfes interdits ;

J'ai vu des Ganges dont le cours luit et s'allume
Au mirage divers des pagodes du bord
Bifurquer leur delta dans le sable qui fume ;

Et sous d'ardents soleils où leur langueur se tord,
Aux vignes qui tentaient les antiques conquêtes
La grappe intérieure en cendre à qui la mord.

Calme le désarroi de toutes ces défaites
Dont le ressouvenir s'immerge dans l'oubli
De tes baisers à qui vont mes seules requêtes.

Le jour des vains passés à l'Occident pâlit,
L'horizon violet se fonce en crépuscule
Vague où ma Vie antérieure s'abolit.

La Nuit impérieuse et sainte s'accumule
Sur la ruine vespérale et sans échos
Où le soupir épars d'un rêve se module ;

De la terrasse en fleurs hautaine sur les eaux
Le vieux marbre effrité comme un songe qui croule
Tombe jusqu'à la mer murmurante de flots.

Ta chevelure en nappe blonde se déroule
Avec l'odeur des algues rousses et des fleurs,
Et l'éternel ramier en nos âmes roucoule...

Et c'est ici le but des rencontres d'ailleurs,
La route vers la mort s'éclaire et se dévoile
Et voici pour mon guide à des Pays meilleurs :

Ton nimbe sidéral dans la Nuit qui s'étoile.

CENDRES

Selon les jeux divers du couchant, vers la Mer
Où mourut la splendeur d'un soir en pierreries,
Notre âme s'exalta de Rêves et de Vies
Belles selon l'orgueil de l'Etre et de la Chair.

N'avons-nous pas conquis aux Terres d'or célestes
Ces lambeaux de nuée en flocons de toisons ?
Le sang de l'Hydre morte aviva les tisons
Du bûcher fabuleux où brûlèrent nos restes.

Et l'ombre cinéraire en le ciel envahi
Drape un linceul de nuit sur le Vaillant trahi
Que pleure un rite nuptial de Choéphores :

Et le vent qui travaille en l'ombre à l'œuvre obscur
Vide le mausolée et les urnes sonores
Des cendres pour qu'en naisse le printemps futur.

CENDRES

*Oh quel farouche bruit font dans le crépuscule
Les chênes qu'on abat pour le bûcher d'Hercule !*

     Victor Hugo.

Le soleil a saigné ses couchants héroïques.

La rumeur de la Mer sonne aux galets des grèves
Par delà les caps d'ocre et les hauts promontoires,
Et c'est comme un écho d'heure morte et de gloires
Toutes d'exploits et de conquêtes emphatiques
Et d'aventures où fulgurèrent les Glaives...
C'est comme un rappel prestigieux de victoires
Et d'un passé cruel où périrent des rêves
Qu'atteste ce coucher caillé de sang et d'or,
Sacre d'un soir élu pour l'offrande farouche
Du fabuleux bûcher où le Héros se couche
Et se consume, nom et cendre, pour la mort !

Des grands soirs éperdus de vogues et de voiles
Où souffle un vent marin pour de folles dérives
Vers les Pays de Conte et vers d'autres Etoiles
Que double leur mirage aux lagunes des rives
Rien ne reste, sinon la mémoire sonore
Et vague que la Mer en perpétue encore,
Evanouis en écumes les vains sillages !

Et mort le charme aussi des jardins et des plages...

La marée agressive a noyé les Sirènes
Et le flot a roulé leurs corps de blondes femmes
Chanteuses du vieil amour aux terres lointaines ;
Et le vent ne sait plus qu'il a brisé les rames
Ni l'écueil émergé qu'il troua les carènes
Des galères qui rapportaient des Hespérides
L'amas des Pommes parmi la Toison magique
Conquise ailleurs par un Héros de notre équipe.
Par la blessure ouverte aux flancs des nefs splendides
La cale — où sommeillait le labeur des dangers :
Joyaux plus variés que les couchants d'automne,
Rubis, sang des vaincus par l'Erèbe exigés,
Améthystes, éclairs pâles d'un ciel qui tonne,

Fruits, parfumant la mer d'une odeur de vergers —
Laissa tout le trésor conquis parmi les mondes
Ruisseler et marquer en le remous des ondes
Un sillage saigné par mille pierreries.

Le mystère du flot avide s'est fermé
Sur le rayonnement des gloires enfouies,
Et le soleil en nuages d'ombre a fumé,
Torche funèbre, sur le deuil des vains travaux
Et ce qui fut ma Vie exaltée et sa joie.

A l'opposé des Mers où l'Occident rougeoie
Voici la Terre immense et ses autres échos
Et la ligne des bois bleuis d'ombre et de brume,
Et c'est une autre Vie et ses luttes et toutes
Ses hontes qui s'évoquent et les mâles joutes
En ce décor d'un ciel de cendre et d'amertume,
Marécage qui stagne aux soirs paludéens.
L'Hydre a tordu d'un cri les squames de ses reins
Et roulé dans la fange immonde sa défaite,
Quand l'Epée, une à une, eut coupé chaque tête
Qui renaissait de son sang même et de la boue ;
Le massacre a souillé l'honneur des vierges mains
— Car le mal est mauvais, même à qui le déjoue —

Et le monstre annelé mal tué par le glaive
Râle encore au marais livide d'horizon.

J'ai crispé mes doigts robustes à la toison
Et, comme un vendangeur qui fait jaillir la sève
Des grappes, j'ai serré la gorge des lions
Dont la gueule saignait parmi les touffes d'herbes
Et fus dompteur viril de leurs rébellions,
Et j'ai fait de leurs peaux et des griffes acerbes
Un bestial trophée à mes épaules nues,
Et Némée exultante, en un matin d'avril
Au prestige ébloui des tâches inconnues,
Salua le vengeur de son fauve péril.

Aux arbres alourdis de la Forêt heureuse
Où l'Automne à présent pleure aux carrefours d'ombre,
J'ai suspendu le poids des dépouilles sans nombre,
Prix opime de la prouesse valeureuse ;
Et le vent en des soirs d'orgueil et de mystère,
Rebrousseur des toisons effrayantes et douces,
Echevelait éparses les crinières rousses.

Voici que meurt la fête ardente de la Terre,

Et les feuilles s'en vont comme des rêves las
Ou des fibres de chanvre arrachés des quenouilles,
Et, dans le deuil des bois dénudés et lilas,
Tout l'inutile sang des antiques dépouilles,
Goutte à goutte, a saigné sur la terre assouvie ;
Et les abeilles d'or fuyant les ruches vides,
Ivres des chauds midis en fleurs et de la Vie,
N'ont pas laissé de miel en les gueules avides.

Le Printemps a donné d'excessives prémices,
Trésors que l'implacable Automne a dissipés,
Et la brume qui monte aux horizons trempés
Fume comme l'encens d'injustes sacrifices.

Le vol aveugle et lourd des Oiseaux du Stymphale
Tourne en cercle au ciel noir où vibre le défi
Du clair rire équivoque et railleur de l'Omphale
Au lointain d'ombre et d'eaux de son Jardin fleuri ;
Et les flèches du vent sifflent à travers bois
Où s'entend un galop ravisseur et sonore
Sur la route où s'en va la fuite du Centaure
Dont la croupe plie et frissonne sous le poids

Du rêve qu'il emporte par delà les flots
D'un Léthé bienfaisant où mon âme va boire
L'oubli de cette fuite atroce et des galops
Qui sonnent encore aux échos de ma mémoire.

Ce fut l'Aube sanglante et belle ; c'est la Nuit
Où le feu du bûcher simule une autre aurore,
Honneur du ciel où son rayonnement a lui ;
Le vin de Vie écume au trop plein de l'Amphore
Pour une libation funèbre et déborde,
Et les jours sont vécus de la vieille aventure ;
Et voici l'holocauste où le Rêve s'épure
Aux flammes de la Mort qui veut que ne se torde
Pas de guirlande aux bras levés de la victime,
Ni joyaux attestant des splendeurs de jadis
Parmi l'écroulement des bûchers refroidis,
Lapillaire surcroît d'une gloire unanime :
Car il est héroïque et viril de s'étendre
Nu pour mourir afin que de ses chairs péries,
Poussière que l'oubli de l'urne va reprendre,
Ne survive, parmi le néant de la cendre,
L'éclat victorieux d'aucunes pierreries.

ÉPILOGUE

Le vol effarouché des oiseaux crêtés d'or
Distrait l'unique soin de notre double extase,
Et dans le rougeoiement dont l'Occident s'embrase
Leurs ailes vont fondre la pourpre d'un essor.

Un vain rêve emporté tourne en chute de plume
Aux remous d'air de ce passage fulgurant
Dont tu suis le départ de tes yeux las s'ouvrant
Sur d'autres horizons que ton désir présume.

Ce songe où notre âme mutuelle s'oublie,
Guirlande jumelle et fragile, se délie
En ce déclin crispant sa tresse qui se tord ;

Un vent d'aile néfaste a défleuri la touffe
Des lis et, dans le soir triste de quelque mort,
L'éclair du Glaive rentre au fourreau qui l'étouffe.

ÉPILOGUE

Un retour de ramiers migrateurs s'exténue
A l'Occident où meurt le jour comme un sourire ;
Une Ere de ma Vie en la nuit inconnue
Se clôt, et ma sagesse accueille d'un sourire
L'ombre massive et redoutable et sa venue.

Au chœur évanoui de quelque vague danse,
Eclate d'une Lyre une corde rompue
Au fond des bosquets lourds de fleurs et de silence
Où de la tresse d'une guirlande rompue
Choit la défleuraison des roses d'indolence.

Voici venir le soir où mon Rêve suppute
Le trésor qu'apporta la merveilleuse Année,
Fanfare du clairon, murmure de la flûte,
Contradictoire écho de la défunte Année,
Cantate du triomphe ou rumeur de la lutte.

Et chaque Aurore avec ses gloires et ses hontes,
Les heures, une à une, et leur folle aventure
S'en viennent, lent troupeau, jusqu'à moi qui les compte
A mesure qu'elles sont là, à l'aventure,
Comme un dénombrement de brebis pour la tonte.

Voici le lourd butin que coupe aux plants des vignes
La Serpe d'or rouge du sang de la vendange,
Et dans l'amphore emplie à la faveur des signes
Par qui coule en rubis le cru de la vendange,
Avons-nous bu l'extase et des ivresses dignes ?

Voici le flot des blés au creux des plaines blondes,
Houles qui bercèrent mon âme enorgueillie
Au rythme renaissant dont se meuvent leurs ondes,
Et le Pain qui chargea ma table enorgueillie
Où s'assit le retour de mes Faims vagabondes.

Voici les épaves d'une flore vivace
De perles, d'escarboucles et de pierreries
Qui surnage et jonche d'écumes la surface
Des vagues dont l'éclat fulgure en pierreries
Aux splendeurs d'un soleil bu par la mer vorace.....

La vendange fut nulle et la tonte inutile
Et le Pain s'est émietté comme une cendre,
Et l'écrin dont le flot se fleurit et rutile
Disparaît en la nuit de doutes et de cendres,
Où s'est ployé l'essor de mon Rêve futile.

Et mon année et son vain œuvre et sa folie
Ne fut qu'un rêve d'or, de mensonges et d'ombre
Que raille le sourire étrange de la Vie,
Et la mort de ce soir sourit jusques en l'ombre
D'où jaillira l'Aube nouvelle et sa survie...

SONNETS

1888-1890

I

Des quatre coins égaux d'un marbre en pyramide
Où quelque Destin grave en la Nuit s'est retrait
Le noir tombeau fait face à toute la forêt
Dont un aspect en chaque pan se consolide.

Et, dans la pureté de la pierre sans ride,
Voici que, spéculaire et féroce, apparaît,
Avec les arbres hauts et le ciel, ce qui est
L'horreur que le Vivant a fuie en l'ombre aride.

Les Monstres, les Tueurs et les Hippocentaures,
Acharnés contre lui d'aurores en aurores,
Assaillent d'ongles le bloc qui les mire, mornes ;

Les thyrses et les faulx éclatent ! les sabots
Heurtent l'intacte pierre où se rompent les cornes
Du Satyre et du Bouc ennemis des tombeaux.

II

L'herbe est douce le long du fleuve, l'herbe est pâle
Sur la grève déserte où chante le flot doux
Que rasent des oiseaux et moirent des remous
Entre des îles dont la berge en l'eau dévale.

Il séjourne en lagune une onde fluviale
Parmi l'or qu'au couchant semblent les sables roux ;
Ne suis-je pas tombé jadis sur les genoux
Et n'est-ce pas mon sang dont la tache s'étale ?

Le soleil expiré pourpre l'eau taciturne ;
Le vent souffle parmi les roseaux ; de quelle urne
Filtre en mes doigts la poudre où triomphe le Temps ?

Le soir s'endort en du silence que déchire,
Flèche ou vent ? un frisson perfide que j'entends
Et quelque Archer cruel debout dans l'ombre rire.

III

L'or clair de vos cheveux est la moisson stérile,
Vos yeux mentent l'azur de leur limpidité,
Et l'Espoir a péri comme un couchant d'Été
Où pleure un floral sang de roses qu'on mutile.

Yeux de source et chevelure fluviatile,
Bouche d'enfant qui rit de toute la gaîté !
Et tout ce qui fut précieux d'avoir été,
Et les bouquets d'Août sur les sables de l'île...

Le soir est violet sur la forêt bleuie
Où votre voix jadis à chanter fut ouïe
Parmi l'aurore en fleurs et les oiseaux joyeux ;

Et pourquoi veniez-vous ainsi devers les plaines
Avec, en votre chevelure et par vos yeux,
La promesse des ors féconds et des fontaines ?

IV

Les lourds couchants d'Été succombent fleur à fleur,
Et vers le fleuve grave et lent comme une année
Choit l'ombre sans oiseaux de la forêt fanée,
Et la lune est à peine un masque de pâleur.

Le vieil espoir d'aimer s'efface fleur à fleur,
Et nous voici déjà plus tristes d'une année,
Ombres lasses d'aller par la forêt fanée
Où l'un à l'autre fut un songe de pâleur.

Pour avoir vu l'Été mourir, et comme lui
Lourds du regret des soirs où notre amour a lui
En prestiges de fleurs, d'étoiles et de fleuves,

Nous voilà, miroirs d'un même songe pâli,
Emporter le regret d'être les âmes veuves
Que rend douces l'une à l'autre le double Oubli.

V

De quelque antique terre où naissent de tes pas
Les fleurs mystérieuses que ta robe ploie,
Il grimpe à tes seins nus des chimères de soie
Dont la griffe au pli raye un ancien lampas.

L'éclat de tes cheveux est d'un or qui n'est pas.
L'augure d'un destin somptueux y flamboie,
Et dans tes yeux menace l'éclat de ta joie
Un présage contradictoire de trépas.

Toi de la terre née et d'où naissent les fleurs,
L'aurore à qui tu ris est une face en pleurs,
O rubis d'où s'ensanglantent tes pierreries !

Et la chimère prise à ta robe qu'elle orne,
Montera quelque soir vers tes lèvres fleuries
Y mordre ton destin offert à sa dent morne.

VI

Le flot des lourds cheveux est comme un fleuve noir
Sous un ciel sans étoile et sans nuit de Chaldée,
Et le berger qui rôde seul parmi le soir
Ignore à quel destin sa détresse est gardée.

La chair triste qui fuit l'étreinte et le miroir
Semble avoir peur d'offrir, stérile et dénudée,
Son mensonge à des yeux avides de la voir
Et tremble d'être nue aux mains qui l'ont fardée.

Cet amour qui fut un orgueil à se sourire
Est mort et le vieux songe élargi pour empire
D'un pays de bleus paons, de fleurs et de forêts !

Un mutuel frisson traverse nos paniques
A qui l'allongement de l'ombre des cyprès
Signale l'eau d'oubli des Léthés fatidiques.

VII

Les violons chantent derrière le décor
Où la vigne en treillis grimpe à quelque terrasse,
Et la fille du roi regarde ce qui passe,
Accoudée au balustre en son corsage d'or.

Les violons déjà chantent un pleur d'accord,
La musique déjà plus lointaine s'efface
Dans l'assourdissement de la forêt vorace
Et vers l'occident clair un écho vibre encor !

Et deux amours se sont croisés. Le rêve et l'âme
Du baladin errant et de la pâle Dame
Se sont joints, et chacun de cette heure a gardé,

Elle la louange que le passant a dite,
Et lui, sur sa perruque et sur son front fardé,
Le signe rayonnant d'une Étoile insolite.

VIII

C'est pour aller vers toi, Dormeuse séculaire
Qui gis là mieux qu'au fond des antres souterrains,
Que j'ai sanglé de cuir mes jambes et mes reins
Et que l'âpre soleil a hâlé ma peau claire.

L'obstacle des forêts a tordu sa colère,
L'écume m'a caché les horizons marins,
Le val d'embûches gras du sang des pèlerins
Hâta mes pas recrus que la peur accélère.

C'était si loin et par delà les soirs si loin !
Le château de mystère où dormait le doux soin
Qui fit ma vie errante, hélas ! et vagabonde

Que dans la nuit, tombé sans forces, à genoux,
Je pleurais à ouïr dans la forêt profonde
Buter les sabots vifs des cerfs cornus et roux.

IX

L'orgueil, l'amour, l'or triste et la vieille Chimère
Qui traverse la nuit comme un oiseau perdu
Ont torturé ton cœur et tenté ta misère
O Mendiant à qui quelque trésor est dû.

La gloire du couchant fut ta pourpre éphémère,
Tu te songeas royal selon cet attribut
Et tes mains ont puisé la gemme imaginaire
A l'eau de toute source où ta lèvre avait bu.

Lucifer et Vesper ont brillé sur ta tête,
Et tu connus l'aurore où chante l'alouette
Et l'ombre ample et profonde où pleurent les hiboux;

Et tu sais, Vagabond, sage d'antiques preuves,
S'il vaut mieux préférer pour vivre loin des fous
Les dieux velus des bois aux dieux barbus des fleuves!

X

Vers la mer, de la plaine en fleurs où rit l'aurore
En un éveil de joie et de clarté subite,
Vers la Mer, où la flotte au port s'ancre et s'abrite
Sous les riches pennons que sa mâture arbore !

Vers la mer, du bord d'ombre où la nuit couve encore
En une obscurité de taillis qui palpite
Vers la Mer, où la vague au choc des rocs s'irrite
D'écume épanouie et de rage sonore !

Vers la plaine, la mer et le ciel enflammé,
Hommage guttural à l'honneur du vieux Mai
Vainqueur de la saison mauvaise et des mois mornes,

Un Satyre à mi-corps sortant de la forêt
Dont le feuillage enguirlanda ses torses cornes
Sonne en sa conque à l'aube claire qui paraît.

XI

La Tisiphone d'or sur un socle d'airain
Darde ses yeux de gemme et rit d'un mauvais rire
En l'ombre de la chambre où la rose et la myrrhe
Se mêlent à l'odeur d'un plumage marin.

Le lit de peau de grèbe est blanc comme un terrain
Où s'argente de lune une mousse, et la cire
Est morte du flambeau que haussait un Satyre
Figuré nu, rieur en sa barbe de crin.

Le mur ouvre sa vitre qu'un émail cloisonne
Sur la Nuit glaciale d'astres dont frissonne
L'amant de ton délice en tes bras prélassé.

Un pas dans la hêtraie a marché sur les faînes ;
Prends garde ! hier l'Enfant roux que ton geste a chassé
Aiguisait son couteau sur le grès des fontaines.

XII

Au nocturne cristal d'un lac morne tu mires
Ton destin d'être là sous tes lourds cheveux d'or
Que frôlent les oiseaux du souffle d'un essor
Et tes ailes de plume ont des frissons de lyres.

Au val triste et lacustre où le pas des Satyres
Inculque son empreinte au sable qu'elle mord,
Reste-t-il aux glaciers adamantins encor
L'écho de fêlure qu'y sonnaient les clairs rires ?

Sous leurs lèvres ta chair a rougi comme un fruit,
Tes yeux plus doux que les étoiles de la Nuit
Souriaient aux voleurs des plumes de tes ailes ;

Et ton âme divine a saigné dans le soir
Où tu songes à l'injure des mains cruelles,
Debout au fond du val où le lac morne est noir.

XIII

Mieux que la maison, l'âtre et la vieille servante
Qui prépare la coupe amère et le pain noir,
Il aime par les bois errer seul et se voir
Le jumeau qui lui rit en la source vivante.

Vivre et mourir d'après que son ombre mouvante
Le devance ou le suit selon l'aube ou le soir ;
Ce qui de lui semblait un autre au clair miroir
Il l'exalte en héros mystérieux qu'il hante.

Ce frère fabuleux d'être tel qu'il se songe
Pâme aux mousses sous un or de baie ou d'oronge
Ses bras nus enfiévrés de vertes émeraudes,

Vers l'heure où doit venir à travers son sommeil
Mourir en un baiser le cri de lèvres chaudes
Des Amantes à l'ongle pur de son orteil.

XIV

Hausse la coupe d'or comme brandit un glaive
Le bras guerrier vêtu d'hermines et de fer
Et parmi le soir mystérieux et désert
Offre au vent la cendre de ce qui fut ton rêve.

La brise en confondra la poussière à la grève
Car l'âme est cinéraire à l'égal de la chair,
Et mêle à l'amertume immense de la Mer
Cette amertume où tout se résout et s'achève;

Et dans la coupe ainsi sacrée et vide enfin
Verse le flot pourpré de quelque antique vin
Plus savoureux d'avoir mûri auprès des tombes,

Un hydromel d'un or ruisselant et vermeil
Qui rie en file de pierrerie au soleil
Où viendront boire, en vols éperdus, les colombes!

XV

L'antique Mort aux pas légers d'adolescente,
La robe d'hyacinthe et la fleur et la faulx
Et les parures de roses et de métaux,
Trésors de l'antre noir, du ciel et de la sente,

Le visage parmi l'aurore florescente
Et pâle comme la lune au-dessus des flots...
Ses pas mystérieux ont des douceurs d'échos
Et sa venue est le retour de quelque absente.

L'herbe épaisse est la mer viride où nous sombrons,
L'herbe longue se greffe aux cheveux de nos fronts,
Les cailloux mêleront nos os à leur poussière.

Et voici qu'apparaît de l'ombre, indifférente
A meurtrir ce Destin doux à sa meurtrière,
L'antique Mort aux pieds hardis de conquérante.

XVI

La Porte s'ouvre d'or et d'airain. Mon Espoir,
Entreras-tu parmi ceux-là qu'un doute ronge
Dans la maison de ton Destin où se prolonge
L'intérieur écho provoqué du heurtoir ?

Dans la dernière salle, au mur, est le miroir
Où se verra ta face ainsi qu'elle se songe ;
Selon ton âme véridique ou ton mensonge
Ta vie à jamais telle ira jusqu'à son soir.

La porte s'ouvre. Entre ou recule. C'est le seuil
De la douce douleur ou du sonore orgueil,
Et nul n'a repassé le vestibule sombre

Pour, au nom de la cendre et du laurier amer,
Dire, du haut du porche à ceux qu'en tente l'ombre,
Si le masque d'or pâle a des lèvres de chair.

XVII

Lourds de mémoires magnifiques et rieuses
Les soirs à toute gloire ont plus beaux survécu ;
O visages passés au miroir de l'écu,
O mélancoliques faces et furieuses !

L'Amazone a heurté du sein l'orbe de fer
Où s'exalte à se voir au métal son sourire...
Mêle pour le tombeau le basalte au porphyre
Sous les grands soirs mornes qui montent de la Mer.

La Gloire n'a pas plus de nom que l'Onde ou l'Ombre
Et le vent et la pluie en rongent le décombre
Sans que rien au passant y rappelle un Destin

Altier ou triste encor, selon qu'en son écume
La Mer vaste en apporte, où le bruit s'est éteint,
L'héroïque rumeur ou la grave amertume.

XVIII

L'air du matin est gai de fraîcheurs fluviales ;
Le fleuve est parfumé des odeurs du matin.
Oh le rire et l'éclat des Baigneuses rivales
Par les perles du rire et les perles du bain !

L'aurore sur les prés fut blanche et sérieuse
Et pareille au regard d'une femme aux doux yeux ;
Et mon âme en son rêve est doublement joyeuse
De la paix de la terre et du salut des cieux.

Une Etoile pâlit à l'orient du ciel,
Et l'étoile m'a guidé comme les Bergers
Au pays pacifique où les fleurs et le miel

Des jours suaves font nos pensers plus légers
Que les vols épeurés au bruit des lavandières
Des oiseaux ricochant sur l'eau tels que des pierres.

XIX

Les Neuf Sœurs, sur le mont païen rose à l'aurore,
Parmi les verts lauriers et les fontaines d'eau,
Rêvent dans la prairie où le jour calme et beau
Se parfume des fleurs que la nuit fit éclore.

Euterpe, la divine, et Celle dont s'honore
D'être sœur Erato, Polymnie et Clio,
Et Mnémosyne écoute retentir l'écho
Qu'éveille au doux gazon le pas de Terpsichore.

L'ombre lente descend aux plaines ; c'est le soir
Où vont là-bas, parmi le bois farouche et noir,
Les Héros nus, tueurs d'Hydres et de Méduses.

Les Sœurs dorment, et, seule, au flanc du mont sacré
Uranie au ciel voit sur le sommeil des Muses
Monter la claire étoile et l'astre inespéré.

XX

Les rires et l'écho des rires, ô folie
De la chair aux frissons des chevelures d'or!
Ont fui comme une abeille avec le soleil mort
Par delà la forêt que l'automne exfolie.

La Fougueuse a rompu la chaîne qui la lie
Aux arbres où son torse en révolte se tord.
Des feuilles et des fleurs par les chemins encor...
Et la terre frivole et sans mémoire oublie...

Les oiseaux pour l'exil ont fui le ciel amer.
Oh dors, au bruit sur le sable de cette mer ;
Et, pour toujours, au marbre stable où tu reposes,

Au tombeau tiède encor des soleils de l'été,
Qu'un hommage sculpté d'acanthes et de roses,
Encadre un masque triste et las d'avoir été.

XXI

Sur le double bâton coupé dans la forêt
L'Aveugle paternel et sa Compagne pâle
Rôdent par les chemins de la terre fatale
Où la Sphinx au passant proposa son secret.

L'oracle avait prédestiné d'un morne arrêt
Le meurtre inévitable et la couche natale ;
Et la pierre thébaine aiguë à la sandale
Blesse le pied jadis que le marbre mirait.

Au nom des Dieux, on a chassé vers l'exil sombre,
Antigone, ce noir destin de sang et d'ombre,
Toute cette vieillesse insultée en tes bras !

Et l'âpre vent hargneux semble, de son courroux,
En fuite, dans le soir, pousser devant vos pas
Quelque bétail sacré que mordent des chiens roux.

XXII

Un sortilège obscur a taché du flot noir
D'un Styx où j'ai trempé mes mains pleines de roses
Cette chair qui se crispe de frissons moroses
Et s'obstine au refus d'espérer en l'espoir.

Les souples fleurs, jadis aux doigts de la Déesse
Très douce qui ceignit mon front de leur beauté,
Autour de ma tête ont tordu la cruauté
D'une étreinte qui se resserre et qui la blesse.

Et tout baiser me fut morsure, et tous rubis
Comme une flamme me brûlèrent ; les brebis
Furent noires dont les laines sont mes habits ;

Et les fruits de mon champ, faut-il que je les vende
Pour payer le prix dû justement que demande
La fileuse du Styx, la sombre Tisserande ?

XXIII

L'oiseau bleu de l'espoir vola de saule en saule
Devant elle, par les routes où le vent rit
De venir de la forêt et du pré fleuri,
Et l'oisel se perchait parfois sur son épaule.

Une robe de joie et de joyaux d'orgueil
Laissait vivre en ses plis des trames de chimères...
L'aurore a défeuillé les roses éphémères
Et le chemin est morne à l'Étrangère en deuil.

Son sourire habita les palais de l'Été,
Les automnes en ses tristesses ont été ;
Sa douceur porta des palmes et des colombes.

Son Ame fut une guerrière aux belles armes
Qui regardait, le soir, sur la pierre des tombes,
L'ombre des noirs cyprès grandir comme des larmes.

XXIV

Le blanc cheval marin qui cambre son poitrail
D'ivoire mat et semble hennir à la proue
Sous le fouet aigu des écumes s'ébroue,
Et Tristan vêtu d'or s'accoude au gouvernail.

Sous la tente qui s'ouvre en roideur de camail,
Au souffle rauque de la mer qui la secoue,
Iseult, pâle, dont la guirlande se dénoue,
Tressaille au choc de ses pendeloques d'émail.

Profond comme la mort et l'amour qui l'a prise
Le murmure des flots l'épouvante et la grise,
Et le philtre a rougi les lèvres du Héros.

Terre ! et des chefs casqués d'un cimier d'ailes noires,
Dans la corne sonore et torse des taureaux,
Sonnent pour son accueil du haut des promontoires.

XXV

Le doux vent, de son aile invisible, balaie,
Les vains soucis, cendre de l'âme et son seul mal,
Et tout ce long Eté nonchalent et normal
N'avons-nous pas cueilli les roses de la haie ?

Et ce fut l'annuel retour des mêmes choses,
Des mêmes rêves las de survivre à jamais,
Ces soirs furent les soirs de tous les autres Mais
Et ces roses aussi comme les vieilles roses.

La parole vibra comme l'autre parole
Et la conteuse était toujours la même folle
Et ce qu'elle contait était dans ma mémoire,

Promesse dont l'issue évasive dépite ;
Et ce fut doux pourtant cette identique histoire
Celle déjà de tant d'Etés et sa redite.

XXVI

O pauvre Ame, frissonne et pleure. Que t'importe
Maintenant des hâleurs de la berge où les pas
Sont des bonheurs peut-être qui n'entreront pas ?
Le hibou cloué veille au vantail de la porte.

L'oiseau triste du seuil garde ton âme morte
A l'écho parvenu des efforts de là-bas
Toujours plus faibles, toujours mornes et plus las
Et qui halent la barque et que l'Espoir exhorte.

La pluie éperdument crible le fleuve clair;
Oh souviens-toi des flèches froides dans ta chair,
Souviens-toi de ta chair froide parmi les flèches !

La Maison t'a reçu blessé. Le noir portail
Garde à ton mal un silence de chambres fraîches
Et l'oiseau morne saigne aux clous d'or du vantail.

XXVII

La Mort ardente et triste aux grèves de la Mer
A posé ses pieds froids sur le sable d'aurore
Et parmi les algues qu'elle foule elle ignore
Une chevelure de quelque front amer.

Par les prés lents elle a marqué ses pas de chair
Au chemin qui s'en va vers la forêt sonore,
Et j'ai vu son sourire efflorescent éclore
Aux lisières d'été que crispe le vent clair.

La Mort lasse a passé les vergers et les vignes
Et les nénuphars blancs mouraient comme des cygnes
Aux étangs où mira sa robe son deuil noir;

Et, plus douce qu'une ombre étrange de sœur morte,
Elle est venue, ainsi qu'une Amante, le soir,
Asseoir son ombre grave à l'ombre de ma porte.

XXVIII

Il choit dans l'ombre un goutte à goutte de pétales
Jonchant l'herbe d'automne où l'eau des bassins dort,
Et dans la brise pleure une dolente mort
D'étés tout embaumés aux chutes de pétales.

Notre mémoire est l'onde où sombre la frivole
Et vaine floraison de notre amour d'antan,
Et notre aveu d'alors flotte au souffle apportant
Un écho du serment qui fut notre parole :

— Je t'a˙   ˙our tes yeux, gardiens des folles Fois ;
Ne demeur˙   ˙l pas au geste de tes doigts
Un prestige   ˙t d'avoir cueilli des roses ? —

Les sourires sont loin, ô bouche, que tu ris
En d'autres soirs pareils où saignèrent des roses
Dans l'ombre goutte à goutte aux rosiers défleuris !

XXIX

La mer, dont le grand flot change comme un miroir
Au reflet successif des heures disparates,
Conforme l'éclat de ses houles écarlates
Au couchant embrasé par les pourpres du soir.

Le vent a secondé les fuites sans espoir ;
Le vol effarouché des barques scélérates
S'éploya pour jamais au loin des grèves plates
Vers l'horizon qui s'enténèbre et devient noir.

Le Ravisseur emporte la Vierge nubile
Et, haletant encor de sa course inutile,
Le Héros devancé pleure le rapt amer ;

Tandis que, vers la nuit où s'éloignent les voiles,
Flagellés par l'écume éparse de la mer,
Les deux chevaux cabrés hennissent aux étoiles !

XXX

Le bon soleil, là-bas, épanouit des roses
Qui chancellent déjà sous l'azur étouffant ;
Voici des floraisons grimpantes s'agriffant
Aux barreaux refleuris des fenêtres moroses.

Les vitres de clarté sont des yeux éblouis
D'avoir reverbéré les campagnes pâmées,
Et tout rire de feuille est mort sous les ramées
Pour la paix de nos fronts parmi l'herbe enfouis.

De claires fleurs pavoisent l'ombre des tonnelles ;
Les duvets des chardons sont des laines d'agnelles
Qui flottent dans l'air lourd, lasses et sans aller ;

Et dans les prés, par saccades avec des pauses,
Quelque ruisseau qu'on ne voit pas semble bêler
Pareil à des brebis paissant parmi les roses.

XXXI

Lieu de pierre et de marbre entre les glaciers clairs
Et, parmi la forêt compacte, terre nue
Eparse sous le ciel, les astres et la nue
Où du sang se cailla par l'âpre vent des mers !

Lieu funèbre et maudit où les soirs sont déserts
Comme de quelque obsécration inconnue,
Pour des siècles, imprécatoire et continue,
Qui défendrait d'errer sur ces rochers amers.

Peut-être fut-ce là que sous les yeux des Anges,
Au temps où le soleil séchait les vieilles fanges
Des déluges décrus et dès lors oubliés,

Que le Héros lutta contre l'Hydre et fut lâche
Et qu'il fallut que les Célestes Chevaliers
Souillassent leurs glaives au sang de cette tâche ?

XXXII

A Mme R. de B.

L'An qui s'éveille ouvre les portes de l'Année !
En son manteau tissé de songes et de jours
Il voit, fils déjà las de l'antique Toujours,
Que le jardin du Temps fleurit sous l'aube née.

Chacun y va cueillir sa propre destinée
Sous l'étoile propice ou sous l'astre en décours
Et moissonner, avec des doigts subtils et lourds,
La fleur du népenthès ou de la solanée.

L'aurore sur vos pas aura de nobles soirs ;
Les Heures, à vous-même, en leurs calmes miroirs,
Vous reverront, tenant une fleur et sourire ;

Car vous avez, au lieu des bouquets éclatants
Que fait leur vil parfum ensuite les maudire,
Cueilli la fleur du Songe en les jardins du Temps.

XXXIII

A Mme F. V. G.

L'An qui passe s'assied à vos pieds, dans les fleurs
Dont votre main moissonne un gai bouquet de joie ;
Il regarde, en chantant, votre joue où rougeoie
Une rose qu'encore il n'a point vue ailleurs.

Le Printemps et l'Eté l'accompagnent et leurs
Beaux gestes où toute leur science s'emploie
Vous vêtent tour à tour de gazes et de soie ;
L'Automne vous sourit au travers de ses pleurs.

L'Hiver est là, Madame, et la nouvelle Année,
Vous voyant ainsi telle et d'un or couronnée,
Prend la place à vos pieds qu'y tenait l'An qui fuit,

Non sans dire en partant à sa Sœur qu'il vous laisse,
De s'asseoir près de vous et d'aimer comme lui
La rose que fleurit votre lente jeunesse.

XXXIV

A Pierre Louÿs.

La maison du passé chancelle où l'âtre mort
De tes espoirs et de tes jours fit une cendre...
Le tentateur trophée au mur est las de pendre ;
Prends-y la clef magique et la bague et le cor.

Pars. Dans la nue au ciel s'amalgame et se tord
Avec la Nuit la Chimère qui va descendre
Et, baignée au lac clair de la forêt, te tendre,
Sa face qui sourit sous son masque qui mord.

Loin du décombre, hélas ! et de l'âtre éteint, pour
Le geste de ta main vers le trophée, un jour,
Te voici, parmi l'ombre, Errant — ô pâle gloire !

Destin mystérieux que hante un songe où luit
L'inoubliable aspect de la face illusoire
Qui se fronce aux confins du Ciel et de la Nuit.

XXXV

A Claude A. Debussy.

Les pierres ont usé l'or terni du cothurne,
La crosse du bâton a crispé ta main lasse,
Soir sur soir! et tes pas ont erré sur la trace,
Du seuil de la maison jusqu'au bois taciturne.

N'as-tu cueilli les pâles fleurs pour orner l'urne
Où la cendre des jours se résout et s'amasse?
Le sort miséricordieux t'a fait la grâce
De voir l'Etoile enfin levée au ciel nocturne!

Ecoute — l'eau, le vent, l'ombre — toute ton âme
Frissonne, s'assimile, végète et s'exclame
Par les cuivres puissants et les cordes magiques,

Et la Musique, au fond des soirs où tu te songes,
Dominateur enfin des destins léthargiques,
Tisse de tes Passés la trame de tes Songes!

XXXVI

Le grand miroir qui miroite ses eaux lointaines
Ne mire plus que l'ombre où le silence dort,
Tandis que, sur son socle et debout, saigne encor
Un marbre douloureux qui de pourpre se veine.

Glaives en leurs fourreaux et dagues dans leurs gaines
Entrecroisent en croix un quadruple éclair d'or;
Un mufle de lion, ciselé, ronge et mord
Le double anneau qui pend au lourd coffret d'ébène.

Entre. Voici la clef. Laisse le coffre obscur;
Qu'importe qu'une cendre y dorme? Au clou du mur
Arrache le faisceau que l'amour y forgea.

La statue a souri; frappe-la de l'épée
Car son marbre rougi semble saigner déjà
Du coup mystérieux dont tu l'auras frappée.

XXXVII

Celui-là qui sortait de la forêt des frênes
Par le chemin fleuri qu'il marquait de son sang
A posé sur le marbre avec son poing puissant
L'offrande de son glaive à sa gloire lointaine ;

Cet autre qui venait du pays des fontaines
En écoutait l'écho en larmes dans le vent,
Et sur les marches où il s'est assis, Passant,
Regarde, il a laissé cette flûte d'ébène.

Un autre avait enguirlandé le bloc sacré
De roses et de lierre et le plus jeune erré
Autour avant d'y inscrire la strophe juste ;

Et, voyageur venu du nord d'un pays morne,
Moi, je n'aurai porté sur l'autel qui s'en orne
Les guirlandes, hélas, le glaive ni la flûte !

XXXVIII

Au milieu de ton front qu'un bandeau double enonde
S'étoile en pendeloque un seul diamant noir
Qui scintille et s'ajuste à l'argent du fermoir ;
Quel Destin en passant l'y fixa de sa fronde ?

La prairie où vont tes pieds nus de fleurs abonde ;
Quel Printemps ne se hâterait à ton espoir ?...
Mais l'asphodèle germe et m'attriste de voir
Qu'ainsi l'Automne, et non les roses, te réponde.

Le Soleil au delà du fleuve, sur la Mer,
Décline ; la forêt est de bronze et de fer
Au crépuscule où se bleuit ta robe calme

Que fronce à la ceinture une face en camée...
O Douloureuse dont, au lieu d'un poids de palme,
Un taciturne Sort crispe la main fermée.

XXXIX

Que ta maison soit douce et qu'en ton jardin mûr
Le noueux espalier s'entrecroise à la treille,
Que Décembre l'argente et que Mai l'ensoleille,
Et que la rose soit plus haute que le mur!

Si le couchant ruisselle en flammes dans l'azur
Ou si l'aube au ciel pâle en souriant s'éveille,
Que ta douce maison qui songe et qui sommeille
S'ouvre aux parfums légers qu'apporte le vent pur.

Que le paon ébloui et la colombe blanche
Qui roue en l'herbe verte ou gémit sur la branche
Franchissent librement la fenêtre et le seuil,

Et, doux de neige tiède ou froid de pierreries,
Que l'oiseau de l'Amour ou l'oiseau de l'Orgueil
Entrent y voir dormir l'Espoir aux mains fleuries.

POÉSIES DIVERSES

1886-1890

L'ABSENCE

Je n'évoque plus rien de vous, ô chère absente.
Il faut des jours bien noirs pour que mon cœur consente
A tenter un instant les risques d'un retour
Vers le soleil voilé de notre vieil amour
Qui laisse, languissant et triste, par les fentes
Des nuages, filtrer ses lueurs réchauffantes,
Tièdes en leurs douceurs dernières d'or pali
Et qui font s'entr'ouvrir un peu la fleur d'oubli.

Parfois, pourtant, lassé du présent monotone,
Je reviens en pensée à cette heure d'automne
Où sous les arbres s'effeuillant dans les chemins
Nous allions tous les deux en nous tenant les mains

Sans voir que la saison était comme un présage
Que notre amour serait rapide et de passage
Exhalant un parfum mélancolique et doux
Comme ces rares fleurs que je cueillais pour vous.

PROVINCE

L'eau des fossés baigne les talus des vergers;
L'ombre des arbres se rebrousse au bas des murailles
Où grimpent des vignes jamais vendangées
Par les passants sur ce vieux rempart planté d'un mail.

Les jeunes filles ont les mêmes yeux que leurs mères
Et tout le suranné des robes de jadis
D'où s'exhale un parfum d'âge, de camphre et d'éther
A leur gestes maladroits d'enfant tôt grandies

Leurs éventails sont peints de fleurs et d'attributs
Et de devises en volutes sur banderoles,
Lents comme les ailes des colombes venues
Poser dans les vergers la fatigue de leurs vols.

Elles accoudent aux parapets de la muraille
Leurs bras, et de leurs mains s'effeuillent des bouquets,
Ou vont s'asseoir sur les bancs de marbre du vieux mail
Sursautant au heurt des boules entrechoquées.

STATUE

L'ombre s'amasse au creux des paupières
Et la statue étrange est plus morte ce soir
Et se recule et craint le miroir
Du lac qui mirerait, pâleur d'antiques pierres,
Le marbre vieux, épouvanté de se revoir
Si lointain en les eaux funéraires

L'allure a des hâtes d'amoureuse,
Les donatrices mains sont veuves de bouquets ;
A l'horizon en fuite à l'angle des bosquets,
Originelle et mystérieuse,
Monte un songe de Terre à des ors de Palais.

Par dela les exils, Déesse, et dans les temps
Venue autrefois cueillir des roses
Et te rire aux clartés limpides des étangs,
Le geste de jadis se garde aux mêmes poses ;
Un rythme médite aux pas saltants
Mais l'ombre est du silence au pli des lèvres closes.

L'ombre ferme les yeux, l'ombre scelle la bouche ;
Au marbre l'écho du cœur est mort,
Et le passé muet s'effarouche
Du risque de revoir en l'eau qui songe et dort
Son sourire apparu parmi les feuilles d'or.

LIED

Au fond d'un soir, près de la Mer,
J'ai vu la Ville au fond d'un soir
De pourpre pâle et d'argent clair,
La Ville de marbre et de fer

Avec son ombre sur la Mer !

J'ai vu la maison et la porte
— Un soir de sang est sur la mer —
Le vent envenime la torche
Au seuil que rougit l'âtre clair...

Le vent brusque a fermé la porte.

La Mort passait avec l'Espoir.
Leur ombre double est sur la mer
D'argent pâle sous un ciel noir,
Et depuis le temps m'est amer

Où le soir monte de la mer !

LIED

Le vent balance branche à branche
Les vieux arbres où ont chanté,
Hibou noir ou colombe blanche,
Notre jour sombre ou notre été.

La pluie est monotone et tendre
Sur les feuilles et, pas à pas,
Par les chemins je crois entendre
La tristesse pleurer tout bas ;

L'arbre vieillit du vert au jaune,
Du jaune au pourpre, d'or en or,
Et je vois d'automne en automne
Un passé qui s'effeuille encor ;

Le bois, cime à cime, balance
Le chêne roux et le pin vert,
Et le vent a de grands silences
Comme la douleur et la mer.

STÈLE

Le geste blanc de ses mains calmes
Ecarte l'ombre autour de l'urne
Où, sous un croisement de palmes,
Gît une cendre taciturne ;

Elle écoute à travers l'albâtre
Des parois, comme en une tombe,
Le papillon de l'âme battre
De ses ailes le flanc qui bombe

Du vase funèbre et sonore
Où s'anime, humble et diaphane,
Avec la lune pour aurore
Un vol de phalène ou de mânes,

Tandis qu'au socle de la stèle
Germe de larmes l'asphodèle !

BAGUES

La proue où ton doux geste enlaçait la Sirène
Comme d'une caresse à quelque sœur captive
Est prise pour jamais aux roseaux de la rive.

Le pavillon d'écarlate s'affale et traîne
Dans l'eau morte en lourds plis oubliés de la brise
Qui meurt en les roseaux où la galère est prise.

Le lac clair où nos doigts semaient des pierreries
Dans les sillages élargis parmi l'eau plane,
Garde le vieux trésor dormir en son arcane.

Si nous lavions, un soir, au flot nos mains meurtries,
Les poissons viendraient-ils à l'éveil de nos rames
Nous rapporter les bagues d'or que nous jetâmes ?

TAPISSERIE

Jusqu'au soir s'est cabré dans l'or le jeu des joutes
Parmi les fleurs de sang, de soleil et d'été !
Les Mendiants en rond burent le vin des outres
Aux chances du Superbe et du Déshérité.

Jusqu'au soir a chanté le vin des belles fêtes
Parmi les fleurs d'été, de soleil et de sang,
Et l'écho salua le vainqueur apparaître
Fouler le fruit fendu du casque déhiscent.

Jusqu'au soir on a bu le vin des larges outres ;
Le prix de l'escarboucle est au Déshérité ;
Et les Filles s'en vont en danses par les routes
Jeter avec leurs cœurs les roses de l'Eté !

PAYSAGE MARIN ET PASTORAL

Les troupeaux ont marché longtemps le long des grèves ;
Les coquilles craquaient sous leurs sabots et, vers
Le soir, comme les agneaux étaient les plus faibles
Un d'eux leva la tête et bêla vers la mer...

Les pâtres abattaient au passage parfois
De grands oiseaux, frappés au haut de leur vol stable,
Qui tombaient, les ailes ouvertes, et d'un poids
De plumes moites très doucement sur le sable...

Les troupeaux hésitaient devant le crépuscule ;
Une agnelle bêla si faiblement que j'ai
Pleuré d'ennui, de tristesse et de solitude ;
Et le grand bélier roux qu'on n'a pas égorgé

Selon le rite avant de partir, pas à pas,
Flairait, parmi le sable clair sous le ciel morne,
De longues conques en vis d'émaux délicats,
Torses et semblant l'ombre torse de ses cornes !

STANCES

Le Désespoir fleurit sur tes autels de jaspe,
O Songe! et la colère y fume en hautes torches ;
L'Orgueil est nu sous l'or qui d'un faste le drape
Et le vent de la mer entre par les trois portes.

La terre délaissée autour du temple vide
Isole pour jamais son ombre auprès de lui ;
Le couchant refroidi à l'occident oxyde
Ses funestes métaux de Nuée et de Nuit :

Et le fleuve désert entre les routes blanches
De la poudre des temps, des jours et des vains soirs
Roule ses ternes eaux, taciturnes et lentes,
Que ne remontent plus le Regret et l'Espoir.

La terre est triste, ô songe, et ton temple de jaspe
Accueille les vaincus du mal pâle de vivre,
Et les trois marches d'or, de bronze et de basalte
Exhaussent ton seuil dur et ton sévère asile,

Refuge de l'Orgueil et du Désespoir morne
Courbés au fond des soirs qui n'auront que des nuits,
Autel mystérieux de l'ultime concorde,
Où s'abjure le soin des antiques ennuis.

Les débris de la Lyre, hélas ! et de la Lance
Attestent l'Essai nul et le Destin amer,
Et le cri des vivants a remis au silence
Son grief oublié du Ciel et de la Mer !

SUR UN TABLEAU CÉLÈBRE

A Gustave Moreau.

Le corps oublié reste en les roseaux du fleuve
Qui lave les pieds nus et jadis vagabonds ;
Et sur la Tête exsangue entre tes mains de veuve
Verse ta chevelure en ors ondés et longs !

Les pieds blessés ont su les routes de la plaine
Et les chemins de la forêt et les sentiers
De l'aurore et du soir et de la nuit où peine
L'exil triste comme la cendre des foyers.

Le corps blême qui gît au sable de la rive
Et tremble nu, sous les étoiles, près de l'eau,
A cambré son orgueil de chair virile et vive,
Jadis, et pour sa mort n'a pas eu de tombeau.

La lyre et la flûte suraiguë et sournoise
Ont ri de par sa lèvre et chanté sous ses doigts,
Cri des ivres oiseaux d'un vol qui s'apprivoise,
Rumeur de la mer vaste ou de la nuit des bois !

Avant qu'au soir étrange, imprévu des Sibylles,
Vaincu mystérieux des thyrses et des dents,
Il tombât lacéré de mains folles ou viles
Parmi l'obscène ivresse et les rires ardents.

L'onde douce a lavé les caillots, et le fleuve
L'a fait de marbre pur de la nuque aux talons ;
Porte la Tête exsangue entre tes mains de veuve ;
Laisse gésir le torse au creux des sables blonds,

Par les gorges, les monts et par les plaines pâles
Que bleuit une aurore et que rougit le soir,
Ta robe violette où meurent des opales
Est triste à rencontrer au détour du Bois noir.

Parmi les cyprès durs et sur les grèves mornes
Tu passes, ombre errante, et tu ne pleures pas,
Assise sur la pierre des seuils et des bornes,
Et les larmes ont fui tes yeux fixes et las.

D'autres portent un peu de cendre dans une urne
Et toi le chef qui saigne à tes petites mains
Et pourpre tes pieds nus de marcheuse nocturne
Qui sait l'aurore lente aux hanteurs de chemins.

Pour quel amour, ô toi qui n'es pas Eurydice,
Faut-il que ta fatigue chancelle à jamais
Et que ton bras d'enfant se crispe et se roidisse
A tenir à plein poing la tête aux yeux fermés ?

Dépose ton fardeau sacré, petite Épouse ;
Le funèbre tribut de tes amers sanglots
Ne vaincra pas la tombe exécrable, ô Jalouse !
Nulle aurore ne peut réjouir les yeux clos.

Etrangère à ce deuil pour qui ton âme assume
Le rite dû qu'une Autre refuse à la mort,
Veuve par la vertu de ton amour posthume,
Regarde là mourir l'orphique songe d'or.

Baise la bouche morte et les paupières lourdes
Pour qui rien n'est plus rien de la Terre et des Cieux,
Parle, ô Inconsolable, à ces oreilles sourdes
Qui comprenaient la voix des astres et des dieux.

La Nuit sombre est entrée en les prunelles claires
Et l'âme éparse ailleurs écoute en d'autres soirs,
Dans le silence pur des Pays funéraires,
Pleurer l'Erèbe ténébreux aux roseaux noirs.

SOIRS

Parmi le soir, l'exil évanoui des flûtes,
Par delà le verger, la colline et le bois,
S'est tu, comme lassé d'avoir rythmé des chutes
De fruits mûrs en l'herbe où paissent les palefrois.

Le sonore métal des boucliers concaves
Etalés sur la terre en rondeurs de plats d'or
A tinté d'un écho d'insolites octaves
Au poids des fruits tombés dont le heurt vibre encor.

Mais les chevaux, les boucliers et les cortèges
Ont fui le crépuscule et les périls du soir,
Et les flûtes déjoueuses des sortilèges
Ont tu leur charme fort d'un ordre de surseoir.

Le doux roi pastoral, vainqueur de la Gorgone,
A fêté son triomphe en ce riche verger !
Héros improvisé d'un combat qui l'étonne,
Le doux roi qui sait mieux cueillir ou vendanger,

Resté seul, en la nuit équivoque et stellaire
Voit, à son poing, saigner le trophée effrayant
De la tête mystérieuse qui s'éclaire
D'une lueur de lune pâle à l'Orient !

★

Le palais, entre les vergers et les prairies,
Sous la lune totale et la nuit étoilée,
Rayonne en soir de joie, et la tête voilée
Saigne sur un plat d'or, parmi des pierreries.

Par la fenêtre ouverte, sur la mer sereine
Et sur les prés et sur les plaines florescentes,
Vient la double senteur des grèves et des sentes.
Et le doux roi s'enivre aux doux yeux de la reine...

L'hydre est rentrée au fond de sa caverne noire,
Et les bons pèlerins qui vont, chantant des psaumes,
Ont vogué vers l'Ophyr et la terre des baumes,
Et le vent a brouillé les pages du grimoire.

Les béliers, dont la laine a la blancheur des neiges,
Ont vaincu le bouc noir, et voici dans les vignes
Et par delà les viviers où rôdent les cygnes,
Les flûtes victorieuses des sortilèges

Chanter en unissson des gammes pastorales,
Sous la lune totale et la nuit étoilée...
Et le caillot, saigné par la tête voilée,
Durcit parmi l'or pur et les gemmes astrales !

LE HIBOU

Les mauvais soirs te virent nue et solitaire
Sur la Tour de porphyre où tes cheveux épars
Epandaient vers tes seins un or héréditaire,
Et du sang revivait aux pourpres de tes fards.

Tes lèvres évoquaient des blessures vivaces
Dont souffre quelque chair divine qui fleurit
D'un caillot surhumain la brèche des cuirasses
Et tes yeux le lac d'ombre où notre âme a péri.

Quatre nains érigeaient au vent des torches hautes
Et dont la flamme haletait vers ton corps nu,
Et ton geste assignait à d'invisibles hôtes
De venir jusqu'à toi de quelque astre inconnu,

De quelque terre morne où la Nuit sans aurore
Disperse en ses forêts où brûlent des flambeaux
Des couples secoués d'un rire si sonore
Que sa joie ivre insulte à la paix des tombeaux.

Le Temps a fui depuis comme les ailes noires
Des nocturnes oiseaux qui frôlaient tes cheveux
L'Occident a fêté de rougeurs monitoires
Des passages au ciel d'Anges mystérieux.

J'ai retrouvé ta robe et tes cent pierreries
Que gardait dans un trou sinistre et chaud encor,
Parmi les cendres et la boue et les scories,
Un Hibou las d'ouvrir ses yeux de sang et d'or.

Et pour avoir touché ces robes et ces pierres
J'erre maudit et mon casque jadis stellé
Porte éternellement des ailes funéraires,
Horreur de l'aube bleue et du ciel étoilé.

Le Hibou crispe ses griffes concultatrices
A mon cimier et s'y cramponne, et dans le soir
J'entends l'oiseau funèbre au vent qui le hérisse
Ouvrir l'ébat captif de son vol vaste et noir.

TABLE

                                                  Pages

PRÉFACE 7

LES LENDEMAINS

DÉDICACE	11
VERS LE PASSÉ	13
EXPÉRIENCE	19
LE FLEUVE	20
NAUFRAGES	22
LES SOURCES	24
RÊVE D'UN PASSANT	26
LES CLOCHES	28
TEMPLE	29
VENERI BENEVOLENTI	30
RÉSIGNATION	32
JEUNE ESPOIR	34

APAISEMENT

	Pages
AURORE	37
SOIR	42
NOCTURNE	44
DIANE CHASSERESSE	46
FRISSON DU SOIR	48
IDYLLE	50
DOUBLE RÊVE	52
DOUCEUR DES YEUX	54
MENSONGE	55
ÉMAIL	57
PORTRAIT	58
SOUVENIR PUR	60
TOUTE UNE ANNÉE	61
SONNET TOMBAL	65
LE TROPHÉE	66
L'ÉNIGME	67
ACHEMINEMENT	68
RÉSIDENCE ROYALE	72
TAPISSERIE	73
EN FORÊT	74
TERRASSE	76
HEURES MARINES	78
LE SANGLIER	80
PAYSAGE	82
LES LIVRES	83
RENOUVEAUX	85
LA GRAPPE	87

	Pages
L'ILE.	88
VICTOIRE.	89
SONGE D'ÉTÉ.	90
L'HEURE.	92
SOLITUDE	93
LE MAUVAIS SOIR.	94
INSOUCIANCE.	96
LA DEMEURE.	98
BLESSURE.	100
PARDON.	101
FOR EVER.	102
OMBRE.	103
LE RIRE	105
DEFUNCTA.	106
ANGELUS D'AVRIL.	108
LA TOMBE SURE.	110
XII.	111
ÉPILOGUE	115

SITES

PROLOGUE
I. Les Déesses veillent encore aux péristyles.	120
II. Nous n'arriverons pas, ô mon âme.	121
III. Choisis : la nuit s'achève.	122
IV. J'avais marché longtemps.	123
V. Ce fut au soir joyeux d'un avril.	124
VI. Un blanc vol de ramiers tournoie en l'azur clair.	125
VII. Au site d'eau qui chante	126
VIII. Les cheveux libérés du multiple entrelacs.	127

	Pages
IX. J'ai ri car vous aviez en vos yeux clairs le rire.	128
X. A l'éveil printanier des aubes et des rêves.	129
XI. Le chaud soleil d'été berça les incuries.	130
XII. Ta vie eut des splendeurs de victoire et de joute.	131
XIII. Vous avez conservé la grâce évanouie.	132
XIV. Le fleuve a recouvert la berge.	133
XV. La maternelle Mer aux vagues monotones.	134
XVI. Un caprice cruel a cloué sur la proue.	135
XVII. Un tintement de pluie à la vitre fêlée.	136
XVIII. Des chiens en éveil ont hurlé toute la nuit.	137
XIV. Aux frontons du Palais un 'ent vol de colombes.	138
XX. Ce décor a bercé les rêves d'un autre âge.	139
XXI. Et les voici liés au mal des sortilèges.	140
XXII. Sur les parterres blancs et les façades closes.	141
XXIII. Le son du clairon va, vibre et meurt aux échos.	142
XXIV. Près de la haute croix qui son ombre projette	143
XXV. Et nous vîmes des morts d'étoiles et les phases.	144

ÉPILOGUE

ÉPISODES

C'est la même tristesse encore et la même âme.

PRÉLUDE.	149
LES DEUX GRAPPES.	157
LUX.	165
LA GALÈRE.	171
LE VOLEUR D'ABEILLES.	177
ARIANE.	183
LE VERGER.	189
LES MAINS.	201
SPONSALIA	207

	Pages
LA VAINE VENDANGE	213
LE JARDIN D'ARMIDE	217
PAROLES DANS LA NUIT	223
LA GROTTE	229
JOUVENCE	235
CENDRES	245
ÉPILOGUE	253

SONNETS

I. Des quatre coins égaux d'un marbre en pyramide.	261
II. L'herbe est douce le long du fleuve.	262
III. L'or clair de vos cheveux est la moisson stérile.	263
IV. Les lourds couchants d'été succombent fleur à fleur.	264
V. De quelque antique terre où naissent de tes pas.	265
VI. Le flot des lourds cheveux est comme un fleuve noir.	266
VII. Les violons chantent derrière le décor.	267
VIII. C'est pour aller vers toi, Dormeuse séculaire.	268
IX. L'orgueil, l'amour, l'or triste et la vieille chimère.	269
X. Vers la mer, de la plaine en fleurs où rit l'aurore.	270
XI. La Tisiphone d'or sur un socle d'airain.	271
XII. Au nocturne cristal d'un lac morne tu mires.	272
XIII. Mieux que la maison, l'âtre et la vieille servante.	273
XIV. Hausse la coupe d'or comme brandit un glaive.	274
XV. L'antique mort aux pas légers d'adolescence.	275
XVI. La porte s'ouvre d'or et d'airain.	276
XVII. Lourds de mémoires magnifiques et rieuses.	277
XVIII. L'air du matin est gai de fraîcheurs fluviales.	278
XIX. Les neufs sœurs, sur le mont païen rose à l'aurore.	279

PREMIERS POÈMES

	Pages
XX. Les rires et l'écho des rires, ô folie..	280
XXI. Sur le double bâton coupé dans la forêt..	281
XXII. Un sortilège obscur a taché du flot noir	282
XXIII. L'oiseau bleu de l'espoir vola de saule en saule.	283
XXIV. Le blanc cheval marin qui cambre son poitrail.	284
XXV. Le doux vent de son aile invisible.	285
XXVI. O pauvre Ame frissonne et pleure.	286
XXVII. La Mort ardente et triste aux grèves de la mer.	287
XXVIII. Il choit dans l'ombre.	288
XXIX. La mer dont le grand flot change comme un miroir	289
XXX. Le bon soleil, là-bas, épanouit des roses	290
XXXI. Lieu de pierre et de marbre entre les glaciers claire.	291
XXXII. L'An qui s'éveille ouvre les portes de l'Année..	292
XXXIII. L'An qui passe s'assied à vos pieds dans les fleurs.	293
XXXIV La maison du passé chancelle..	294
XXXV. Les pierres ont usé l'or terni du cothurne..	295
XXXVI. Le grand miroir qui miroite ses eaux lointaines..	296
XXXVII. Celui-là qui sortait de la forêt des frênes.	297
XXXVIII. Au milieu de ton front qu'un bandeau double enonde..	298
XXXIX. Que ta maison soit douce.	299

POÉSIES DIVERSES

L'ABSENCE.	303
PROVINCE..	305
STATUE.	307
LIED.	309
LIED..	311
STÈLE.	313

	Pages
BAGUES..	314
TAPISSERIE.	315
PAYSAGE MARIN ET PASTORAL.	316
STANCES..	318
SUR UN TABLEAU CÉLÈBRE.	320
SOIRS.	324
LE HIBOU.	327

ACHEVÉ D'IMPRIMER
le vingt-sept décembre mil huit cent quatre-vingt-dix-huit
PAR
L'IMPRIMERIE Vve ALBOUY
POUR LE
MERCVRE
DE
FRANCE

MERCVRE DE FRANCE

Fondé en 1672
(*Série moderne*)
15, RVE DE L'ÉCHAVDÉ. — PARIS

paraît tous les mois en livraisons de 300 pages, et forme dans l'année 4 volumes in-8, avec tables.

Rédacteur en Chef : ALFRED VALLETTE

Romans, Nouvelles, Contes, Poèmes, Théâtre, Musique
Etudes critiques, Traductions
Autographes, Portraits, Dessins et Vignettes originaux

REVUE DU MOIS

Épilogues (actualité) : Remy de Gourmont.
Les Poèmes : Pierre Quillard.
Les Romans : Rachilde.
Théâtre (publié) : Louis Dumur.
Littérature : Robert de Souza.
Histoire, Sociologie : Marcel Collière.
Philosophie : Louis Weber.
Psychologie : Gaston Danville.
Science sociale : Henri Mazel.
Questions morales et religieuses : Victor Charbonnel.
Sciences : Albert Prieur.
Méthodes : Valéry.
Voyages, Archéologie : Charles Merki.
Romania, Folklore : J. Drexelius.
Bibliophilie, Histoire de l'Art : R. de Bury.
Ésotérisme et Spiritisme : Jacques Brieu.
Chronique universitaire : L. Bélugou.
Les Revues : Charles-Henry Hirsch.
Les Journaux : R. de Bury.
Les Théâtres : A.-Ferdinand Herold.

Cirques, Cabarets, Concerts : Jean de Tinan.
Musique : Pierre de Bréville.
Art moderne : André Fontainas.
Art ancien : Virgile Josz.
Publications d'Art : Y. Rambosson.
Le Meuble et la Maison : Les XIII.
Chronique du Midi : Jean Carrère.
Chronique de Bruxelles : Georges Eekhoud.
Lettres allemandes : Henri Albert.
Lettres anglaises : Henry-D. Davray.
Lettres italiennes : Luciano Zuccoli.
Lettres espagnoles : Ephrem Vincent.
Lettres portugaises : Philéas Lebesgue.
Lettres latino-américaines : Pedro Emilio Coll.
Lettres russes : Zinaïda Wenguerow.
Lettres néerlandaises : Pauw.
Lettres scandinaves : Peer Eketræ.
Lettres tchèques : Jean Rowalski.
Variétés : X.
Publications récentes : Mercure.
Échos : Mercure.

PRIX DU NUMÉRO :

France : 2 fr. » — Étranger : 2 r. 25

ABONNEMENT

FRANCE		ÉTRANGER	
Un an	20 fr.	Un an	24 fr.
Six mois	11 »	Six mois	13 »
Trois mois	6 »	Trois mois	7 »

On s'abonne *sans frais* dans tous les bureaux de poste en France (Algérie et Corse comprises), et dans les pays suivants : Belgique, Danemark, Italie, Norvège, Pays-Bas, Portugal, Suède, Suisse.

Imp. G. RENAUDIE, 56, rue de Seine, Paris.

www.ingramcontent.com/pod-product-compliance
Lightning Source LLC
Chambersburg PA
CBHW060513170426
43199CB00011B/1439